TROIS PETITS POÈMES

PUBLICATIONS PARUES :

TROIS

PETITS POÈMES

ÉROTIQUES

C'EST A SAVOIR :

LA FOUTRIADE, LA MASTURBOMANIE
ET LA FOUTROMANIE

A BALE

Imprimé exclusivement pour les membres de la Société
des Bibliophiles
LES AMIS DES LETTRES ET DES ARTS GALANTS

L'an de Notre-Seigneur, cette présente année, une société de gentlemans bâlois, composée de moitié d'hommes et moitié de dames, a été fondée en vue de recueillir et de sauver de la destruction les ouvrages érotiques les plus caractéristiques, en les réimprimant exclusivement pour leurs bibliothèques privées.

Le but que se propose l'aimable société n'est pas de provoquer à la propagande de ces œuvres, souvent obscènes, mais de les recueillir et de les conserver comme monuments des manifestations de certaines faces de l'esprit humain.

Entre les sociétaires, le masque de pudibonderie, si bien porté dans notre belle Suisse, est retiré; chacun reprend sa physionomie naturelle, au quitte de se remasquer en public, individuellement.

La Société déclare à l'avance qu'elle se rit du qu'en dira-t-on, se moquant des sots et bravant les méchants.

Pour les membres,

HONNI SOIT QUI MAL Y PENSE.

LA

FOUTRIADE

POÈME HÉROÏ-COMIQUE ET LUBRIQUE
EN SIX CHANTS

PAR M. L. A. L.

A PARIS

CHEZ LES MARCHANDS DE NOUVEAUTÉS

1828

LA FOUTRIADE

CHANT PREMIER

SOMMAIRE

Début. — Invocation à Priape. — Discours de Viferme au
peuple des Sodomites. — Étrange combat de ce peuple
pour élire un roi. — Viferme est vainqueur. — Hon-
neurs rendus à son membre viril.

Attention !... Je chante et les vits et les culs,
Les couilles et les cons, et les jeux de Vénus,
Et les chancres rongeurs, et la vérole affreuse,
Enfin les maux qu'on gagne en foutant une gueuse.

O toi, dieu paternel des lubriques amours,
Priape, à qui mon vit sacrifiera toujours,
Viens échauffer mes sens, viens embraser mon âme.
Et, pour peindre en beaux traits le sujet qui m'enflamme,

Prête-moi, pour pinceau, ton intrépide engin,
Et, pour encre, les flots de ton foutre divin!

Phœbé quittait les cieux. L'amante de Céphale
Ouvrait de ses doigts d'or la porte orientale.
Phœbus paraît bientôt. Mais ses tremblants rayons
Dorent, comme à regret, les fiers sommets des monts.
Son char éblouissant sous la céleste voûte
Parcourt avec lenteur sa lumineuse route.
Phœbus n'embrase plus : ses feux sont amortis :
Ce Dieu vient d'obtenir les faveurs de Thétis :
Dix fois il l'a foutue, et dix fois sa semence
En sortant à flocons a prouvé sa puissance.
Tant de coups toutefois ont affaibli ses sens,
Et Phœbus sous les cieux se traîne à pas pesants.

Cependant les humains, à sa pâle lumière,
Entr'ouvrent en bâillant une rouge paupière.
Tous sortent de leur couche, et volent aux travaux
Qu'ils s'étaient préparés au moment du repos.

Viferme, l'ancien chef d'une île que les ondes
Vomirent tout à coup de leurs grottes profondes,
Se dirige à grands pas sous le feuillage épais
Où déjà l'attendaient tous ses anciens sujets.
C'est là qu'ils vont nommer pour chef de leur milice
Celui qui d'un rectum foutra mieux l'orifice.
Viferme au même instant a prononcé ces mots :

« Depuis que nous vivons, sur la face des flots
» L'astre majestueux d'où nous vient la lumière,

» Vingt-cinq fois a rempli son annale carrière.
» Nous avons vingt-cinq fois élu pour gouverner
» Ceux qui dans nos combats surent le mieux piner.
» Leur règne avec l'année a toujours eu son terme.
» C'est hier qu'a fini le règne de Viferme.
» Oui, déjà, compagnons, un an s'est écoulé ;
» Depuis que ma flamberge a si bien enculé ;
» Depuis que j'ai vaincu Foussicoup, Donnedousse,
» Roidengin, Vibandant, Fierfouteur, Onzepouce,
» Tous autrefois vos chefs, et dont les vits membrus
» Foutent jusqu'à sept fois le plus étroit anus.
» Je les vois : leur vigueur à ce discours augmente.
» Leurs vits lèvent déjà leur tête menaçante...
» Allons, plus de retard : foutons, foutons, amis,
» Au plus ardent foùteur jurons d'être soumis. »

Il dit, et ce serment que le peuple répète,
Aux vits ouvre la lice en guise de trompette.

O fortunés humains ! Gais et francs enculeurs !
Non, les femmes n'ont jamais causé vos douleurs.
Non jamais, peuple heureux ! de puantes matrices
N'ont offert à tes vits leurs mortels précipices.
Non, tu ne connais point ce sexe trop pervers
Dont les cons vérolés dépeuplent l'univers.
Né d'un enchantement, d'un céleste miracle,
De tétons allaitants tu n'eus point le spectacle.
Et relégué tout seul sur des bords inconnus,
Tu ne fous d'autres trous que le trou de l'anus.

Le peuple cependant baisse le testicule,

Lève un vit, tend un cul, se baisotte et s'encule.
Tout est en mouvement. Les uns sur le gazon
Donnent des coups de ventre et des coups de plastron,
Les autres, mieux placés sur d'humaines échines,
Donnent, en soupirant, des coups de culs, de pines.
Ici c'est Foussicoup, qui, dans un fondement,
Seringue les bouillons de son foutre écumant;
Couillemorte plus loin verse un foutre à la glace;
Vimollet, près de lui, semble demander grâce;
Mais au fond du rectum, Viferme jouissant,
Pour la seconde fois lance un germe bouillant.
Onzepouce le voit : son long engin enrage,
Et sa liqueur enfin s'est ouverte un passage.
Il soupire, et bientôt, reprenant sa vigueur,
Son vit enfonce encore un gros postérieur.
Vibandant quatre fois a perdu sa semence,
Mais, déjà las de foutre, il tombe en défaillance.
Onzepouce le suit. Après trois coups fameux
Roidengin affaibli, pâle, tombe avec eux.
Fierfouteur, dont le vit soudain devient mollasse,
En frémissant de honte abandonne la place.
Et Donnedouce enfin, ne pouvant enculer,
Par la main d'un ami gaîment se fait branler.

L'imprudent! Juste ciel! s'oser branler la pine!
Hélas! il ne sait pas qu'il cause sa ruine,
Et qu'en branlant sa verge il fait naître en ses flancs
Un poison qui le traîne au cercueil à pas lents.

Les autres champions confessent leur défaite :
Un coup seul tous les ans les fait battre en retraite.

Mais le fougueux Viferme et le fier Foussicoup
Tirent en ce moment leur cinquième coup.
Leurs vigoureux engins sont les seuls qui disputent
Le sceptre pour lequel au fond des culs ils luttent.
Viferme a déchargé. Rien n'abat sa vigueur.
Et sans sortir du trou qu'inonde sa liqueur,
Sa broquette rebande et refout le derrière
Qu'elle a déjà cinq fois humecté de matière.
Foussicoup essoufflé, lime et décharge encor,
Mais succombant enfin sous un pénible effort,
Il cesse de bander, il se pâme, et sa pine
Sort d'un cul dans lequel en vain elle s'échine.
Viferme alors versait en de jaunes parois
Le foutre qui le va mettre au rang des rois.
Puissant et noble foutre ! oui, c'est toi seul qui nommes
Viferme souverain de ces enculeurs d'hommes !
C'est toi qui sur ton vit roide et victorieux
Fais poser aujourd'hui des lauriers glorieux !...
Oui, ce vit est orné d'une double couronne.
Viferme à tous les yeux l'expose sur un trône.
Ainsi le veut la loi, bientôt tous les vaincus
Viennent baiser ce vit, savonnette des culs.
Vimollet, le dernier, vers lui se précipite...
O surprise ! ce vit qu'un vit mollasse irrite
Rappelle tout à coup sa force et sa roideur,
Et casse une des dents du pétulant baiseur.
Vimollet se résigne, et loin qu'il en soupire,
Avec tous ses amis, ce vrai sage en sait rire.

Mais le signal se donne : à de nouveaux plaisirs
Ce peuple maintenant occupe ses loisirs,

Enfin n'en pouvant plus, tombant de lassitude,
Chacun des enculeurs cherche la solitude,
Et couché mollement sur la feuille des bois,
Ronfle tout aussi bien que nos indolents rois.

CHANT DEUXIÈME

SOMMAIRE

Un vaisseau vogue vers l'île des enculeurs. — Il est monté
par des putains. — Discours de la maquerelle Vastecon
à son régiment de garces. — Frayeur de Bandalaise. —
Viferme envoie quatre de ses sujets vers Vastecon. —
Interpellations de Foussicoup. — Réponse de la maque-
relle. — Son discours aux enculeurs. — Elle les défie
aux combats de fornication. — Viferme la baise. — Son
plaisir. — Ses paroles à son peuple. — Enlèvement des
putains.

De la blanche Phœbé le lumineux croissant
Reflète sur les bois son éclat pâlissant :
Tout repose dans l'île : au loin l'onde écumante
Porte un léger vaisseau vers cette île charmante.
Des femmes que la France écarte de son sein
Le montent. Vastecon, cette franche putain,

Commande en souveraine au bataillon femelle.
Naguère un songe apprit à cette maquerelle
Qu'au sein de l'Océan des hommes inconnus
N'avaient jamais foutu d'autres trous que les culs.
Elle assemble aussitôt dans sa mansarde obscure,
De garces, de putains, une phalange impure,
Et leur parle en ces mots :

         « Vous toutes dont les cons
« Du mien depuis longtemps sont les chers compagnons,
» Prête-culs, lèche-vits, branleuses et fouteuses,
» C'est assez dans Paris traîner des jours de gueuses.
» Quels chalants trouvons-nous depuis que le Palais (1)
» Attire dans son seing même jusqu'aux valets ?
» La police nous veille ; et toujours à nos trousses
» Nous défendra bientôt même le don des dousses.
» Plus nous différerons à fuir ces maudits lieux,
» Garces ! plus notre sort deviendra malheureux :
» Partons ! l'honneur l'ordonne : et quoi ! sur cette plage
» Et nos mains et nos cons seraient en esclavage ?
» Non ! fuyons ! sauvons-nous d'un opprobre éternel ;
» Cherchons la liberté sous un plus juste ciel ;
» Cherchons-là dans cette île où d'humaines broquettes
» N'ont jamais dans des cons foutu leurs rouges têtes :
» Oui, c'est là seul qu'enfin nous pourrons librement
» Foutre, branler, lécher, ouvrir le fondement. »

Vastecon a parlé. Les bravos des donzelles
Approuvent bruyamment le coq des maquerelles.

 (1) Palais-Royal.

On jure de la suivre; on la suit, et les flots
Au peuple des putains bientôt prêtent leur dos.
Conouvert sur l'esquif était en sentinelle.
Ses regards sur la mer se portent... Que voit-elle?
La terre!... ô douce joie!... aux cris de la putain
On accourt, et l'esquif touche la rive enfin.
Alors, non loin de là, le cul de Bandalaise
La veille trop foutu, rendait le foutre à l'aise.
Mais soudain, tout tremblant à l'aspect du vaisseau,
Bandalaise se lève, et d'un agile saut
Se lance vers les lieux où le peuple repose,
Puis de sa juste peur communique la cause.
Chacun tremble. Viferme appelle au même instant
Foussicoup, Fierfouteur, Roidengin, Vibandant.

« Allez, dit-il, allez, enculeurs redoutables,
» Reconnaître l'objet enfoncé dans vos sables.
» Allez, et revenez vers vos fouteurs amis
» Dissiper la frayeur qui fait mollir leurs vits. »

Il se tait. Aussitôt ces hommes intrépides
Vers le bord de la mer portent leurs pas rapides.
Vastecon les a vus. Elle avance vers eux.
Nos fouteurs ont pâli. Plus ferme et courageux
Foussicoup cependant rompt ainsi le silence :

« Quel es-tu? que veux-tu? quelle est ton espérance
» En osant apparaître en ces lieux enchanteurs
» Où Viferme gouverne un peuple d'enculeurs?
» — Je veux, dit la femelle, à l'engin de Viferme,

» Offrir les charmants culs que ce vaisseau renferme...
» Guides-nous donc vers lui. — Suivez-moi. » Vastecon
Réunit à ces mots son rusé bataillon,
Et dès qu'une ancre sûre arrête le navire,
Les femmes vers le roi se font gaîment conduire.
Viferme les reçoit. A l'aspect des putains
Tout le peuple étonné sent frémir ses engins.
Mais Vastecon :

     « Amis, vos pines vigoureuses
» Ont trop longtemps foutu des cavités merdeuses.
» En de plus nobles trous, il faut, fiers enculeurs !
» Il faut que vous lanciez vos brûlantes liqueurs.
» Vous seuls ne savez point le plaisir indicible
» Qu'éprouve en nous foutant l'homme le moins sensible.
» C'est pour vous procurer ce plaisir que nos pas
» Ont osé se porter vers vos riants climats.
» Oui, peuples ignorants, oui, sachez qui vous êtes :
» Vous êtes hommes, grâce, oui, grâce à vos broquettes.
» Et nous ! voyez ce trou qu'ombrage un poil épais :
» Reconnaissez la femme et soyez satisfaits.
» Foutez-nous : nos vagins vous ouvrent leurs charnières.
» Foutez-nous : mais cessez d'enfiler des derrières.
» Foutez-nous : c'est ainsi que vous savourerez
» Un plaisir, un bonheur que, seuls, vous ignorez.
» Foutez-nous... quoi ! corbleu !... vous reculez... sauvages !
» Voulez-vous donc mourir avec vos pucelages ?
» Non, non, nous les aurons... si quelqu'un d'entre vous
» Doute des vrais plaisirs qu'on trouve dans nos trous,
» Qu'il s'avance. Voici, voici mon con en lice.
» S'il le fout sans goûter le plus charmant délice,

           2

» Je veux que loin de l'île où pettent vos anus
» Vous nous chassiez soudain à coup de pine aux culs. »

Elle parlait encor que, l'urètre bandante,
Près du con à baiser Viferme se présente.
« C'est moi, dit-il, c'est moi qui te vais enfiler.
» Je bande : Vite donc. Mon foutre va couler. »

La donzelle se couche, écarte chaque cuisse,
Tend le cul, prend le vit, le fout dans sa matrice.
C'est alors que Viferme, à peine respirant,
Par trois fois lève un cul qu'il baisse en soupirant.
Mais il décharge enfin. Un long soupir l'indique.
Il embrasse vingt fois la fouteuse publique.
Et sortant tout à coup de ses amoureux bras :

« Non, femmes, ventrebleu ! vous ne nous fuirez pas.
» Vos cons sont en effet la source des délices.
» J'y veux accoutumer des vits encor novices.
» Oui, peuple, je consens que vous foutiez le trou
» Que la femme se branle où l'homme branle un bout.
» Je consens... » A ces mots, quel risible spectacle !
L'heureux consentement est donné. Plus d'obstacle :
D'une garce soudain chacun charge son dos
Et l'emporte en bandant à l'ombre des ormeaux.
Viferme reste seul avec la mère abbesse
Dont son foutre a déjà mouillé la double fesse.

CHANT TROISIÈME

—

SOMMAIRE

Réflexions de Viferme sur la sodomie. — Foussicoup baise
Conouvert dans ses bras. — Onzepouce enfile Petitcon
dans le tronc d'un chêne. — Vibandant fout Consale par
derrière. — Fierfouteur baise une femme qui a ses
règles. — Long it baise entre deux tétons, et Roiden-
gin sous une aisselle. — Couilleaucu et Sansvertu se
lèchent la langue. — La langue de Percecu s'enfonce
dans un vagin. — Celle d'une femme suce le vit de
Jeanfesse. — Garces qui branlent diversement. — Une
femme amuse cinq hommes.

« Oui, disait en baisant, Viferme à Vastecon,
» L'anus est loin d'offrir tous les plaisirs du con.
» Je reconnais enfin que la sage nature
» Ne nous a fait des vits que pour cette ouverture,
» Et que l'homme cochon qui fout un trou merdeux
» Est indigne de voir la lumière des cieux...
» Quoi donc! on s'étendrait sur une maigre échine
» Alors qu'on peut presser une grasse poitrine,
» Des tétons arrondis, un blanc, un divin cou...
» Non! pour être enculeur, certe, il faut être fou,
» Fou, dis-je, puisqu'on fuit le bonheur ineffable
» D'embrasser, de lécher un visage adorable,
» Comme le tien... salope... » A ces mots, tout pâmé,
Il donne à la donzelle un baiser enflammé,

Alors que son pénis dans la large matrice
Fait d'un foutre brûlant un second sacrifice.
Mais son vit rebandé charge un troisième coup
Pendant que Conouvert fatigue Foussicoup.

Ce terrible fouteur, dans sa rage amoureuse,
A saisi dans ses bras sa garce de baiseuse.
Il est debout. Ses mains lui soutiennent le cul.
Les pieds de la putain pressent son trou poilu.
A son cou qu'elle embrasse, elle se tient pendue ;
Et par un vit énorme elle est ainsi foutue.
Mais Foussicoup, lassé de la piner debout,
L'étend sur le gazon, la serre et la refout.

On voit non loin de là sur le tronc d'un vieux chêne
Onzepouce enfiler Petitcon avec peine.
Vingt fois, mais vainement, dans le génital trou
Il s'échine à pousser son prolifique bout :
Vainement il s'irrite : Il faut qu'il se soumette
A laisser hors du con le tiers de sa broquette,
Et craignant de casser ce charneux instrument,
On le voit dans ce con le branler doucement.
Petitcon cependant sur sa dure couchette
Faisait plus vivement remuer sa rosette,
Et pressant le gazon de ses talons crasseux,
A tous ses mouvements elle se livrait mieux.

Plus loin, contre un tilleul, Consale est appuyée.
A la hauteur du cul sa tête s'est pliée ;
Et par derrière ainsi la garce à Vibandant
Présente un clitoris tout noir et tout puant,

N'importe : Ce mortel courbé sur une échine
Fait agir dans le con sa frétillante pine,
Tandis que Fierfouteur dans un profond vagin
Enfonce à coups pressés son long et maigre engin.
Sa semence s'échappe ; il déconne ; il regarde...
O terreur ! un sang noir couvre sa hallebarde ;
Tous ses poils en sont teints ; ses couillons suspendus
Dégouttent à la fois et de foutre et de pus.
Laréglée a souri. Fierfouteur jure, tonne.
Il menace ; et sa main va frapper la cochonne
Quand celle-ci pressant ses poils touffus et longs,
En lave du baiseur la verge et les couillons,
Puis offrant à son vit un emmerdé calice,
Lui fait dès qu'il le fout oublier la matrice.

Longvit, en ce moment entre deux blancs tétons,
D'une chaude liqueur déchargeait les flocons.
Et le vif Roidengin sous une blonde aisselle
Raclait avec ardeur une pine pucelle.

Mais les autres mortels déjà ne foutent plus.
Ils sont las de jouir au fond des utérus ;
Et couchés sur les seins de la gent putassière
Aux lubriques plaisirs ils ouvrent la carrière.

Sous ce saule voûté, c'est l'heureux Couilleaucu
Qui serre dans ses bras la chaude Sansvertu.
Il lui baise la bouche, et sa langue brûlante
Lèche de Sansvertu la langue dégoûtante.

Près d'eux, c'est Percecul qui suce avec transport

La vulve que son germe humecte et baigne encor.
Même Nouvelengin, sa langue téméraire
Dans le trou vaginal s'enfonce tout entière,
Et frottant avec force en fait jaillir bientôt
Un foutre purulent qu'elle hume aussitôt.
O mortel ignorant ! Gamahucheur novice !
Que n'as-tu donc sucré les bords de la matrice !
Le goût de la semence eût été moins mauvais,
Et n'eût point tant alors révolté ton palais.
Recommence... que dis-je ?... arrête !... c'est aux pines
A baiser, à presser d'urineuses babines.
La langue des cochons, seule, ose les lécher.
Que la tienne à jamais cesse donc d'y toucher !
Oui, laisse à la salope accouplée à Jeanfesse
L'honneur de s'enivrer d'une liqueur épaisse.
Regarde : Ce Jeanfesse est debout. La putain
Lui serre les genoux et lui suce l'engin.
Il décharge, et son sperme à gros bouillons ruisselle
Dans l'aspirant gosier de la vile donzelle.

A l'ombre d'un fouteau (1), Mincengin moins cochon
Suce les deux tétins de la jeune Blancon.

Ici, c'est Vitenmain qui fout à Donnedousse
En lui pressant la verge une solide dousse.
Là, trois autres putains d'un poignet vigoureux
Branlent diversement trois penis chaleureux.
L'une, ainsi que l'on roule un moelleux sucre d'orge,
Roule dans ses deux mains un vit qui se rengorge

(1) Arbre semblable au hêtre.

Sur le ventre de l'homme, et d'une seule main,
Tel que du chocolat l'autre roule un engin ;
Branlant en postillon, les doigts de la dernière
En amusant un vit, titillent un derrière.

Trois salopes plus loin n'ayant point d'amateurs
Savent se divertir sans vits et sans fouteurs.
Vieuxtignon, Conusé, deux de ces trois donzelles,
Se branlent les vagins, se sucent les mamelles,
Tandis que Malfoutue en son con empesté
Enfonce et fait agir un engin velouté.

Qu'aperçois-je ? Cinq vits dressant leur tête altière
Sont mus en même temps par une putassière :
Ses mains en branlent deux ; sa bouche et son anus
Sont, ainsi que son con, par trois autres foutus.
Les hommes, la putain soupirent et jouissent...
Soudain... tout est fini : Les semences jaillissent.

CHANT QUATRIÈME

—

SOMMAIRE

Réflexions de l'auteur. — La vérole est dans l'île. — Un
chancre dévore la verge de Viferme. — Foussicoup et
Bandalaise ont des bubons ou poulains. — La langue de
Percecu est rongée par un chancre. — Vimollet a un
ulcère au doigt. — La gonhorrée a grossi les couilles de
Onzepouce. — Lamentations des hommes. — Peinture
d'autres maux qu'ils souffrent.

O rigoureux destin ! un cuisant repentir
Doit donc suivre toujours un moment de plaisir.
Eh quoi ! l'homme ne peut goûter de jouissance
Sans qu'à des maux cruels l'homme donne naissance.
O Dieu, qui le formât, que n'as-tu donc permis
Que jamais aucun con n'infectât son pénis,
Qu'il ignorât ces maux qui d'une course agile
Traînent vers le tombeau son squelette mobile ! ! !
Malheureux habitants de ces bords empestés !
C'en est fait : jusqu'aux dents, tous, vous êtes gâtés.
Vous tombez de langueur ; et vos pines mollettes
Sous des amas de pus cachent leurs jaunes têtes.
Dix jours de jouissances et de plaisirs charnels
Ont changé ces plaisirs en des tourments cruels.
Vous pleurez maintenant. L'écho de vos rivages
Vous entend regretter vos défunts pucelages.

Mais ces tristes regrets, hélas! sont superflus :
Qui perd ce chaste bien ne le retrouve plus!

Heureux ceux qui pour foutre une publique motte
Revêtent leurs engins d'une anglaise capotte!
Ceux-là, tout en goûtant des plaisirs enchanteurs,
Sont certains d'échapper aux maux de nos fouteurs.

Grands dieu ! comment décrire un spectacle semblable.
Puis-je, encor jeune et sain, puis-je en être capable ?...
Que dis-je ? Eh! n'ai-je pas ma muse pour soutien.
Je puis donc peindre aussi le mal vénérien.
Oui, ma muse, déjà je cède à ton empire,
Déjà ton divin souffle et m'échauffe et m'inspire ;
Déjà même Esculape accourant à ma voix
M'explique et me décrit tous les maux que je vois.

Viferme, Roidengin, Foussicoup, Onzepouce,
Fierfouteur, Coüilleaucu, Vibandant, Donnedousse,
Bandalaise, Longvit, enfin tous les humains
Dont les vits ont naguère enfoncé des vagins,

Tous ont extrait des cons un virus morbifique.
O ciel ! c'est le virus du mal syphilitique.
Il coule en globes verts, opaques et muqueux
Des vits qu'ont amollis des tourments trop affreux.
L'urine en jaillit-elle ? Aussitôt ces broquettes
D'une ardente cuisson sentent brûler leurs têtes.
Soudain, tous ces engins, tous ces tubes charneux
Qui lançaient autrefois le foutre jusqu'aux cieux,
Se courbent. Un cordon au même instant les serre,

Et les tient humblement prosternés vers la terre.
Le mal en est accru. C'est peu ; fornicateurs !
Avec la syphilis naissent mille douleurs :

Regardez votre roi se gratter la flamberge :
Un prurit violent a fait rougir sa verge.
Mais un chancre paraît. Il s'étale ; il blanchit ;
Il creuse un vaste trou sur la tête du vit.
Alors qu'il évacue une liqueur gluante,
Ou plutôt une humeur vireuse et purulente.
Le prépuce, ô terreur ! le prépuce doré
Vers la moitié du gland déjà s'est retiré,
Et serrant sans pitié la moitié qu'il renferme
Dans les plus grands tourments, précipite Viferme.

Non moins mal partagé, le pauvre Foussicoup
Voit deux bubons enfler et son aine et son cou.
De cuisantes douleurs chaque bubons l'accable,
Le virus s'en échappe en fleuve intarissable,
Et coulant sur son corps y pullule bientôt
Des boutons où le pus établit un dépôt.
C'est peu : croyant sans doute apaiser sa souffrance ,
Il saisit le bubon né non loin de sa panse.
Il le presse, et le pus frappant ses cristallins
Aveugle pour jamais ce briseur de vagins.

Bandalaise l'a vu. Quelle crainte l'agite ?
Vingt fois il fait rouler son scintillant orbite.
Il regarde ; il distingue. Eh bien ! il doute encor
Si, grâce à ses poulains, il n'a pas un tel sort.

Le sale Percecu, ce lécheur de matrice,

Lui surtout, a gagné plus que la chaudepisse.
Oui, lorsqu'il s'abreuvait au fond d'un utérus,
L'imprudent s'enivrait d'un empesté virus.
Il en baignait sa langue, et sa langue puante
Boit maintenant le jus d'une tumeur rongeante :
Un chancre la dévore ?... Eh ! oui, voilà, cochon !
Le prix qu'a mérité celui qui lèche un con.

Et toi, toi Vimollet dont le doigt intrépide
A titillé vingt fois une vulve fétide,
Malheureux ! tu n'as point avec impunité
Éprouvé ce plaisir dans un con infecté :
Ton doigt s'est inondé d'une humeur virulente :
Un ulcère y nourrit sa tige dévorante...
Mais qu'entends-je ! quels cris répètent les échos ?
Onzepouce, c'est toi qui te plains de tes maux.
Hélas ! pauvre Onzepouce, une brûlante fièvre
Te mine et fait errer le trépas sur ta lèvre.
Ta verge est tout en sang, et pour comble d'horreur,
Tes couillons au quintuple ont doublé leur grosseur.
Tu marches. Tel jadis Denis porta sa tête,
Tu portes dans tes mains ces pendants de broquette;
Et cet enfant qui prit sa culotte pour pot
Écarte moins que toi l'un et l'autre gigot.

Le peuple cependant étendu sur le sable,
Élève vers le ciel une voix lamentable.
C'est en vain. Tout est sourd aux cris de nos fouteurs.
Gervais (1) que n'es-tu là pour calmer leurs douleurs !

(1) Giraudeau de Saint-Gervais.

Les uns n'ont plus de poils, n'ont plus de chevelure.
Leurs os sont attaqués d'une carie impure.
Elle en ronge la moelle ; elle les ramollit,
Un sanieux liquide en globes en jaillit.
A ces tristes mortels vainement on s'adresse :
Ils ont perdu l'ouïe en perdant la sagesse.
D'autres sont tout couverts de pustuleux boutons,
Tels que crètes de coqs, choux-fleurs et champignons.
D'autres sont attaqués de rongeantes fistules
Dans le nez, à la gorge, ainsi qu'aux testicules.
Enfin sur tous ces corps les yeux épouvantés
Ne voient jaillir que pus de cent trous infectés.
Funestes résultats de toute gonhorrée
Qui s'est, faute de soins, trop bien invétérée !

CHANT CINQUIÈME

—

SOMMAIRE

Les putains sont sur leur vaisseau. — Discours de Vaste-
con. — Réplique de Laréglée. — Humaine résolution
des femmes.—Poilépais est envoyée vers les hommes en
ambassade. — Discours de Viferme à ses sujets. — On
convient de chasser les salopes de l'île. — Pissegoutte
est dépéché vers elles. — Sa rencontre avec Poilépais.
— Il lui fait part de son message. — Poilépais retourne
vers ses amies. — Conseil de Consale. — Autre dis-
cours de Vastecon. — On vote. — La guerre est déclarée
entre les deux sexes.

Alors que la vérole avait à nos fouteurs
Fait sentir tout à coup ses mortelles douleurs,
Les putains, qui craignaient les excès de leur rage,
Avaient sur leur vaisseau fui non loin du rivage.
C'est là qu'en s'abreuvant du robb de Giraudeau,
Toutes du mal de con se guérirent bientôt.
La maquerelle alors prend ainsi la parole :

« Nous voici donc encor quittes d'une vérole,
» Garces! Eh bien, il faut de nouveau la risquer.
» Il nous faut sur ces bords de nouveau forniquer.

» Regagnons-les... Eh quoi ! privés de tout remède,
» Ces hommes abattus que la vérole obsède
» Effrayeraient-ils encor vos âmes ? Eh, putains !
» S'ils s'osent révolter n'avons-nous pas des mains ?
» Plus fortes maintenant, ils nous sera facile
» De rendre sous nos coups leur révolte inutile.
» Oui, retournons vers eux ; dissipons toute peur ;
» Et montrons, mordicus ! qu'une garce a du cœur. »
« — J'approuve ce discours, réplique Laréglée :
» Revolons promptement vers la gent vérolée.
» Mais, source de ses maux, dites, ne faut-il pas
» Par un remède sûr la sauver du trépas.
» La justice le veut. Toutes, nous sommes saines.
» Rien donc n'empêche plus que nous soyons humaines.
» Oui, portons aux mortels, victimes de nos cons,
» Portons-leur sans retard le robb que nous avons.
» En éteignant leurs maux, nous éteindrons leurs haines,
» Et nous vivrons près d'eux sans tracas et sans peines. »

Elle a dit. Les putains approuvent ses avis.
Toutefois on convient qu'avant qu'ils soient suivis,
On enverra dans l'île une digne ambassade
Pour traiter de la paix avec la gent malade.
Quelque faibles que soient ces hommes maintenant,
Encor ne faut-il pas les braver fièrement.
La colère d'ailleurs est mère du courage.
Il ne faut pas sans but se livrer à leur rage.
On restera sur l'onde alors que Poilépais
A ces humains pourris proposera la paix,
En jurant de leur rendre une heureuse existence
S'ils veulent recevoir la féminine engeance,

S'ils veulent dans ses cons aujourd'hui nets et sains
Après leur guérison foutre encor leurs engins.

Instruite exactement de son noble message,
Poïépais fait cingler l'esquif vers le rivage,
Tandis qu'à ses sujets Viferme dit ces mots
Qu'entrecoupent vingt fois ses douleureux sanglots :

« Malheureux compagnons ! nous sommes les victimes
» De monstres qu'ont vomis les liquides abîmes.
» Nous les avons foutus. Soudain, de cruels maux
» Nous ont fait regretter de n'être plus puceaux.
» Vains regrets ! Nous souffrons. Mille douleurs cuisantes
» Aiguisent sur nos corps leurs pointes déchirantes.
» Le trépas même approche... Eh ! qu'il ne tarde pas
» A plonger dans nos seins son tranchant coutelas.
» La mort est chère à ceux que le malheur accable.
» Appelons donc, amis, cette mort ineffable.
» Qu'elle frappe !... que dis-je ? ah ! n'implorons ses coups
» Qu'alors que les putains auront fui loin de nous.
» Qu'elles n'insultent pas à notre heure dernière.
» Qu'elles laissent nos corps giser sur la poussière
» Pour que d'autres humains en parcourant ces lieux
» Voient des amours lascifs les effets malheureux,
» Et se gardent jamais de se livrer aux femmes
» S'ils veulent éviter des châtiments infâmes.
» Amis, renvoyons donc ce peuple de putains.
» Que son vaisseau l'emporte en des climats lointains.
» S'il résiste, s'il veut ne point quitter nos rives,
» Gardons-nous d'écouter ses paroles plaintives.
» Rappelons notre force et notre ancienne ardeur,

» Et frappons, immolons un peuple si trompeur.
» Le ciel, ce juste ciel qui soutient l'innocence,
» En nous rendant plus forts prendra notre défense.
» Parlez. M'approuvez-vous ? »

                        De longs cris de bravos
Couvrant de vains soupirs accompagnent ces mots.
Mais le calme renaît. Viferme alors ajoute :

« Vous m'approuvez : Eh bien ! avance Pissegoutte.
» C'est toi qui de nous tous est le moins attaqué.
» Il est vrai que ton vit a le moins forniqué.
» C'est donc à toi, baiseur, à toi seul que j'ordonne
» D'aller vers les putains qui peuplent notre zône.
» Tu leur commanderas de s'éloigner de nous,
» Sinon de s'apprêter à recevoir nos coups,
» Vas, vole, tu m'entends. »

                        Le vif parlementaire
Court et d'un pied léger rase à peine la terre.
Il touchait au rivage. A ses yeux étonnés
Poilépais tout à coup a présenté son nez.
« J'allais vers vous, dit-elle. —Et moi, vers ta peuplade. »
Il lui dit aussitôt quelle est son ambassade.
Poilépais irritée au même instant répond :

« Je vais de ton message instruire Vastecon.
» Attends-moi. Je reviens te déclarer la guerre
» Si nous nous décidons à rester sur ta terre. »

Elle fuit; elle arrive; elle instruit les putains

Des ordres insolents des vérolés humains.
Toutes tremblent. Consale en ces mots se déclare :

« Garces ! fuyons, fuyons un peuple trop barbare.
» Il demande du sang ; il veut notre trépas ;
» Furieux, irrité, nous ne le vaincrons pas.
» Sauvons-nous donc. On n'est ni lâche ni timide
» En se hâtant de fuir une main homicide. »

A ces mots, tout à coup éclatent mille cris,
Les uns approbateurs, les autres de mépris.
Redoutant les effets de cette dissidence,
La maquerelle parle, on l'écoute en silence :

« En conseillant la fuite ; en usant de son droit,
» Consale vous parlait sans crainte, croyez-moi.
» Je la connais. La peur n'est jamais son partage.
» Elle a cru nous donner un conseil juste et sage.
» Quelques-unes de vous l'ont jugé tel aussi.
» D'autres et moi putain ne pensons point ainsi.
» Il est vrai qu'en optant pour une fuite prompte
» Nous fuyons des périls. Mais, grands dieux ! quelle honte
» Quel opprobre éternel ne nous couvrirait pas !
» Nous, qui vers ces pays n'avons porté nos pas
» Que pour sauver nos fronts d'un opprobre semblable
» Qu'osait nous présenter un joug insupportable.
» Non, nous ne pouvons fuir. Restons, c'est mon conseil,
» Garces ! nous recevrons partout un joug pareil,
» Mais sur ces bords, c'est nous qui seront souveraines ;
» C'est nous qui forgerons et des lois et des chaînes.
» Et vous voudriez fuir ? Non, ce sort est trop doux.

3

» Restons donc, des ribauds méprisons le courroux.
» Si, quoique décrépits, ils osent nous combattre,
» Plus saines, j'en réponds, nous saurons les abattre.
» Quelles armes d'ailleurs peuvent-ils manier ?
» Un frêle bois !... Mais nous... nous brandirons l'acier.
» Oui, j'ai de rasoirs fins tout un assortissoire :
» J'en armerai vos mains pour courir à la gloire,
» Pour châtrer ces humains qu'une sotte bonté
» Nous poussait bêtement à rendre à la santé.
» Qui n'approuverait pas un conseil aussi sage,
» Manquerait à la fois et d'âme et de courage.
» Toutefois pour agir comme il convient : votons.
» Veut-on combattre ? Eh bien ! qu'on se bouche les cons.
» Veut-on partir ? » Soudain, quel mouvement ! Les gueuses
Toutes dans leurs vagins foutent leurs mains crasseuses.
Consale vote même en faveur des combats.
Quel bruit ! Quelle allégresse ! et quels joyeux ébats !
Toutes, non pas demain, mais à l'instant même,
Toutes veulent châtrer une engeance au teint blême.
Mais Vastecon retient leur belliqueuse ardeur
Et dit à Poilépais : « Vas vers l'ambassadeur.
» Instruis-le qu'à jamais nous foulerons sa terre ;
» Qu'à l'unanimité nous optons pour la guerre ;
» Et que nous volerons aux batailles demain
» Quand l'Orient luira des clartés du matin. »

Poilépais est partie, et bientôt Pissegoutte
Instruit par la putain, triste, reprend sa route.
Il arrive, et le peuple apprend non sans frémir,
Que la troupe femelle aux combats veut courir.
Mais le chef des fouteurs, par un hardi langage,

Ranime leur fureur; excite leur courage;
Et parvient à donner à ses chétifs soldats
Un semblable désir de voler aux combats.

CHANT SIXIÈME

SOMMAIRE

Vastecon et Viferme divisent leurs troupes en trois corps.
— Nomination des chefs de ces corps. — Description du
champ de bataille. — Aspect qu'offrent les deux armées.
— Elles sont en présence. — Invocation à la muse des
combats. — Ardeur belliqueuse de Foussicoup. — Com-
bat général. — Foussicoup est tué par Vitenmain, qui,
elle-même, meurt frappée par Vicourt. — Mort de Vi-
court. — Fierfouteur est châtré par Conouvert. —
Fuite de sa troupe. — Viferme la rallie. — Percecu la
commande. — Exploits de Percecu. — Il est tué par
Conouvert. — Exploits de cette putain. — Viferme lui
fend la tête. — Combat singulier de Viferme et de Vas-
tecon. — Viferme est vaincu. — Rage de ses sujets. —
Vibandant assomme Vastecon. — Ses exploits. — Roiden-
gin est châtré par la terrible Consale. — Combat de Vi-
bandant et de Consale. — Un orage affreux survient.
— La mer soulève ses flots. — L'île est inondée, et tous
les combattants... noyés.

L'étoile du matin de ses clartés douteuses
A peine illuminait les crêtes montagneuses,
Que déjà Vastecon sur la rive des flots

Avait formé sa troupe en trois corps inégaux.
Le premier obéit aux ordres de Consale.
Consale avec ardeur brandit l'arme fatale.
Elle voudrait déjà s'élancer aux combats
Pour prouver qu'en effet la peur ne l'atteint pas.
Vingt putains à ses lois jurent de se soumettre.
Au front du second corps, c'est toi qu'on voit paraître,
Toi, fier Conouvert, dont l'œil étincelant
Regarde avec fureur un rasoir scintillant.
Ta forte main le presse, et ta superbe audace
Éclate sur les traits de ta citrine face.
Quinze gueuses, sous toi, dignes de ta valeur,
Marcheront sans trembler vers les champs de l'honneur.
Formant le dernier corps, dix-huit autres femelles
Que guide Poilépais châtreront les rebelles.
Vastecon est partout; ses gestes, ses accents
Embrasent les putains de ses transports bouillants.
Si l'une d'elles tremble : aussitôt son langage
Lui rend avec l'espoir la force et le courage.
Ainsi cette vapeur qui dans nos ateliers
Succède maintenant à des moteurs grossiers,
Remet en mouvement la machine arrêtée
Dès qu'elle fait sentir sa chaleur limitée.

Cependant Vastecon au pas accéléré
Fait marcher les putains vers le peuple poivré.

Viferme en cet instant contre la gent femelle
Enflammait ses soldats d'une rage nouvelle.
Il parle, il les échauffe; et sa vaillante ardeur
Vole de rang en rang et chasse au loin la peur.

Ainsi que Vastecon en trois corps il divise
La phalange fidèle à ses ordres soumise.
Fierfouteur, Roidengin, le pâle Vibandant
De ces corps séparés ont le commandement.

Déjà, les ennemis se trouvent en présence.
On s'excite, on frémit, on s'arrête, on s'avance.

Triste et hideux spectacle!... Un verdoyant tapis
Est foulé sous les pas des peuples ennemis.
Des arbres sourcilleux de leurs ombres épaisses
Enveloppent au loin les hommes, les bougresses.
Les combattants sont nus. D'un côté, les putains
Présentent aux regards leurs mollasses tétins,
Leur gorge descendant sur leurs noires poitrines,
Leur dégoûtante peau, leurs pendantes babines.
Et de l'autre côté, les hommes, plus affreux,
Aux regards effrayés offrent leurs corps hideux,
Leurs corps tout décharnés, couverts d'un pus fétide,
Leurs engins raccourcis, leur teint blême et livide...
Ces hommes sont armés de parements noueux
Dont ils ont dépouillé les érables ombreux,
Les chênes dont les fronts dominent les montagnes,
Et les hêtres rameux ombrageant les campagnes.
Mais ces bâtons, mortels! pourront-ils résister
A des rasoirs tranchants... Vous osez en douter!
Oui, dès que vous voyez dans les mains des donzelles
L'acier jeter au loin ses vives étincelles,
Fouteurs! vous frémissez... Viferme vous a vus :
Il vous fixe, et la peur ne vous maîtrise plus.
Tel autrefois Henri, ce roi cher à la France,

Que fit assassiner une exécrable engeance,
Tel d'un simple regard aux plaines de l'honneur ;
Du timide soldat il rappelait l'ardeur.

Cependant sur un rang chaque troupe se place.
Le roi sous qui fléchit la masculine race
Au centre de l'armée a placé Fierfouteur.
C'est Conouvert qui doit mesurer sa valeur.
Roidengin à la gauche attaquera Consale.
A l'aile droite enfin Vibandant au teint pâle,
Mais au stoïque cœur, mais au courage ardent,
Fera sur Poilépais tomber son parement.

Tout à coup dans les airs un cri confus s'échappe,
Chacun lève son arme ; on court ; on vole ; on frappe.
Tels ces oiseaux cruels dévorateurs de chair,
A l'aspect d'un troupeau fendent les champs de l'air,
Et jetant mille cris fondent... Ivre de joie
De leurs ongles sanglants ils déchirent leur proie.

O muse des combats viens inspirer mes chants !
Redis-moi les exploits de nos fiers combattants !
Dis-moi quel est celui qui courant au carnage
Le premier sous ses coups ensanglanta la plage !

Aveugle Foussicoup, c'est toi !... Tu n'attends pas
Qu'on donne le signal pour voler aux combats.
Tu veux la mort : tu cours : tu ne vois rien : n'importe.
Tu tombes tout à coup sur l'infâme cohorte,
Et de ton dur bâton atteignant Vitenmain,
Tu fais jaillir le sang... on t'entoure... soudain.

Tes amis les fouteurs se jettent sur les gueuses
Qui toutes à ce choc s'élancent furieuses.
C'est alors que commence un combat destructeur
Qui saisit à la fois d'épouvante et d'horreur.

Vraiment Foussicoup rappelant son audace
Tape encore le dos de la pauvre bagasse.
Il recule; il fléchit. Il sent couler son sang.
Le fer de Vitenmain s'est plongé dans son flanc.
C'est en vain qu'il s'irrite. Il chancelle; il succombe,
Et deux coups de rasoir le jettent dans la tombe.
C'en est fait. Vitenmain arrachant ses couillons
Les lance avec fureur au nez des bataillons.
Vicourt, c'est à ton front que ce boulet se colle.
Ton visage est couvert du jus de la vérole.
Tu t'indignes. Ton bois va punir la putain !
Tu voles, et ton arme a blessé Vitenmain.
Tu redoubles d'ardeur. Tu la blesses encore,
Et deux fois de son sang le gazon se colore.
Elle veut se venger; mais son rasoir trompé
Ne s'est point dans ton sang jusques alors trempé.
La colère l'emporte. Elle fond sur ta panse,
Elle t'atteint... Ton bras en tirera vengeance !
Comme ce sanglier que la balle a meurtri,
Tombe sur le chasseur en poussant un long cri,
Tu fonds sur la pendarde ; et tout pâle de rage,
Tu dépêches son âme au sinistre rivage.
Foussicoup est vengé. Pour venger Vitenmain
Blancon et Malfoutuc osent lever la main.
Aux regards de Vicourt luit leur terrible lame.
Toutes deux l'ont frappé. Son courage s'enflamme.

Il lève sa massue, et bouillant de fureur
Il la lance avec force... ô surprise ! ô douleur !
Le coup a frappé l'air. Vicourt chancelle, tombe,
Les putains sur son corps que la vérole plombe
Se jettent, et bientôt sous un rasoir cruel
Transforment en eunuque un malheureux mortel.
Dieux ! quels maux il éprouve !... Exauçant ses prières,
La mort enfin, la mort lui ferme les paupières.

Eh quoi ! qui fuit ainsi ?... Fierfouteur tout blessé
Aux pieds de Conouvert vient d'être renversé.
La garce l'a châtré. Sa phalange timide,
Ayant perdu son chef, fuyait d'un pas rapide ;
Mais Viferme l'arrête, et ses mâles accents
Rendent à leur devoir ces lâches combattants.
Fier Percecu c'est toi maintenant qui les guides !
C'est toi qui rends l'audace à ces hommes timides !
C'est sous toi qu'on les voit revoler aux combats,
Aux cris : vaincre ou mourrir !... honorables soldats !
Oui, vous cherchez enfin la mort ou la victoire ;
Enfin, vous vous couvrez des palmes de la gloire.

Percecu furieux court, et sous son bâton
Terrasse en même temps Conlarge et Vieuxtignon.
Conusé se présente : Il lui porte à la nuque
Un coup qui fait jaillir le sang sur sa perruque.
Elle veut se défendre ; hélas ! un coup plus fort
L'étend sur le gazon et termine son sort.
Les putains ont tremblé. Conouvert s'en irrite.
La fière Conouvert sur lui se précipite ;
Conouvert qui, déjà, de sa lame a châtré

Vimollet, Couillemorte, ainsi que Virentré.
Percecu la devance. Il l'atteint, il la tape.
Mais du tranchant rasoir la donzelle le frappe.
Son sang a ruisselé : son visage a pâli :
A cet aspect nouveau son cœur a tressailli.
Conouvert voit son trouble : aussitôt la femelle,
En évitant les coups, le presse, le harcèle,
Le fatigue, et parvient à couper ses couillons
De ce fer qui nous sert à blanchir nos mentons.
Malheureux Percecu ! ta débile paupière
Sous ce sabre châtreur se ferme à la lumière.
Tes généreux amis jurent de te venger.
Ils ne calculent plus la mort ni le danger,
Ils fondent sur la gueuse ; et la gueuse intrépide
En s'élançant vers eux, grands dieux les intimide.
Couilleaucu, le premier, tu tombes sous son fer :
Mincengin meurt bientot, châtré par Conouvert :
Bandalaise n'est plus : enfin cette salope
De couilles et de sang et de morts s'enveloppe.
Viferme en frémissant voit ses tristes exploits.
Il accourt, et s'armant de son glaive de bois,
Il a frappé le front de la gouine étourdie.
Deux fois il la refrappe, et tout à sa furie,
Il ne s'aperçoit pas qu'au premier coup donné
Son glaive a désarmé le bras efféminé.
La donzelle veut fuir. Mais Viferme l'arrête,
En pourfendant trop bien sa dégoûtante tête.
Elle expire. Ce roi tout ruisselant de sang,
Tel qu'un loup au milieu d'un escadron bêlant,
Attaque les putains, les renverse, les tue.
Sous ses rapides coups, Petitcon est vaincue :

Vulvenoire s'envole aux bords de l'Achéron :
Sansvertu qui la suit va foutre avec Caron :
Conasse sans combattre a mordu la poussière :
Vitengueule a fermé ses yeux à la lumière :
Il allait immoler l'altière Creuxvagin,
Alors que Vastecon arrête son gourdin.
Il l'a vue... ô bonheur !

                    « Je puis donc, ô traîtresse !
» Inonder de ton sang cette main vengeresse.
» Tu m'as fui jusqu'alors. Mais enfin il est temps
» De venger sur ton corps les maux que je ressens.
» Ces maux que m'as donné ton con gâté, coquine !
» Ces maux qui, je le sens, causeront ma ruine.
» Mais avant de mourir, viens. Qu'il me soit permis
» D'immoler à ma rage un objet de mépris. »
« — De mépris !... maquereau !... Oui, meurs ! que cette lame
« Se rougisse du sang que ma haine réclame. »

A ces mots, Vastecon le bras haut, l'œil ardent,
Fond sur notre fouteur et l'atteint vainement.
Seul, le dos du rasoir effleure une poitrine.
Viferme, plus heureux, applatit une échine,
D'autres coups sont portés, et parés, et rendus.
Des bouillons d'un sang noir bientôt sont répandus.
En voyant ce combat, les hommes et les filles
S'arrêtent tout à coup étonnés, immobiles.
Viferme, tout blessé, rouait de coups affreux
Vastecon qui pliait sous son bras vigoureux.
Le bâton a noirci la peau de la coquine ;
Son sang à gros flocons jaillit de sa narine ;

Elle mire, se baisse, et d'une vive main
Mutile du guerrier le suppurant engin.
Viferme en a pâli. Ce coup accroît sa rage.
Il chasse la douleur, rappelle son courage,
Et brandissant sa masse, après six rudes coups
La casse sur le dos de la gueuse en courroux,
De Vastecon qui saute à sa pâle figure,
Qui sous des ongles longs, ô ciel! le défigure,
Alors un fer tranchant n'armait plus la putain.
Les poings des combattants se sont fermés. Soudain
D'une grêle de coups l'un et l'autre s'assiége.
Des dents tombent; un nez a branlé sur son siége;
Une oreille est en sang; un œil est tout poché;
Un visage tout noir, un chignon arraché.
Mais de leurs bras nerveux les deux boxeurs s'enlacent.
Ils se sont séparés. Bientôt ils se rembrassent,
Et fortement pressés, dans les flots de leur sang
Tous deux sans se lâcher tombent en rugissant.
Viferme s'affaiblit. Vastecon, au contraire,
Semble avec plus d'ardeur serrer son adversaire...
O douleur! Un cri part. C'en est fait. La putain
Étouffe dans ses bras le blême souverain.
Il n'est plus. Ses sujets, tout écumant de rage,
Rappellent à ce coup leur terrible courage.
Ils fondent à la fois sur la garce, et leurs bras
Allaient couvrir son front des ombres du trépas,
Quand Vibandant trempé du sang de Laréglée,
Du sang de Poilépais et de Mottepelée.
S'élance sur la gouine, et de son dur bâton
Pour venger son monarque assomme Vastecon,
Creuxvagin irritée a voulu le combattre.

D'un coup bien appliqué ce brave a su l'abattre,
Qu'aperçoit-il? Consec a châtré Vipaillard,
Consec a fait couler le sang de Rudedard.
Il s'en indigne ; il court; il frappe la bagasse ;
Il casse sa caboche; il l'étend sur la place,
Et suivi de sa troupe il poursuit ses exploits
Tandis que Roidengin, sous dix infâmes doigts,
Perd avec ses couillons et son sang et sa vie,
En maudissant un sexe où gît la perfidie.
Consale en souriant le regarde expirer.
Alors qu'encor vivant sa main l'ose châtrer.
A cet affreux spectacle en vain on fond sur elle.
Vainement Onzepouce attaque la donzelle.
Elle est inébranlable. Onzepouce irrité
Plus ferme s'est sur elle encor précipité.
C'est alors qu'il lui flanque à l'épine dorsale,
Un coup tel que sur l'herbe il culbute Consale.
Consale se relève, et pâle de fureur
Atteint de son rasoir les fesses du fouteur.
Le sang coule... Onzepouce! un second coup plus rude
Te dépêches au séjour de la béatitude.
Pissegoutte, frappé par la même putain,
S'envole vers le Styx sans couilles, sans engin.
Consale abat Longvit, et charge Donnedousse
D'aller foutre à Mercure une amoureuse dousse.
Sous son bras furieux Brisemotte et Vigros
Vont habiter les lieux où préside Minos.
Enfin de ce côté, cette femme terrible
De l'autre, Vibandant ce guerrier invincible,
Jonchent les prés de sang, de morts et de mourants,
De couilles et de vits et de membres sanglants.

Le carnage est affreux. Sur les champs de la gloire
A peine vingt guerriers disputent la victoire.
Leurs amis ne sont plus... Vibandant voit soudain
Consale terrasser le pauvre Molengin.
Il se jette sur elle; il l'attaque; et là gueuse
Riposte à tous les coups de sa main valeureuse.
Des coups, des coups affreux par tous deux sont portés.
Et le fer et le bois en sont ensanglantés.

Mais, quel bruit! ô terreur ! C'est la foudre qui tonne.
Les éclairs ont brillé. La mer au loin bouillonne.
Les vents sont déchaînés; ils grondent sur les flots.
La nue en longs torrents précipite ses eaux.
Tout tremble sous le ciel, et saisis d'épouvante
Nos combattants ont fui leur arène sanglante.
Mais les mers tout à coup ont brisé leurs remparts.
Elles inondent l'île, atteignent les fuyards,
Et sous leurs flots grondants dans leurs profonds abîmes,
Au bruissement des vents, aux cris vains des victimes,
Au bruit sourd de la foudre éclatant dans les airs,
A la vive lueur des rapides éclairs,
Ces mers avec fracas bientôt ensevelissent
Ceux qu'a frappés la mort comme ceux qui gémissent.

L'orage cependant s'éclipse, et sous les cieux,
L'astre vivifiant reparaît radieux.
Mais il n'éclaire plus ces beaux champs où naguère,
Un peuple d'enculeurs branlait le petit frère :
De ce peuple, ces champs, du mal vénérien,
Des putains, des combats, il n'existe... plus rien.

FIN

LA

MASTURBOMANIE

OU

JOUISSANCE SOLITAIRE

STANCES

————➤◦⤝————

A BRANLEFORT

PRÉFACE

Je chante l'incomparable plaisir d'Onan, le
plus indépendant, le plus philosophique de tous
les plaisirs dans l'homme : il est inspirateur,
il féconde l'imagination au lieu de l'éteindre.
Jamais J.-J. Rousseau n'a été plus éloquent,
jamais sa plume n'a pris un essor aussi sublime
que dans les moments qui suivaient ou qui pré-
cédaient les extases délicieuses où le plon-
geaient ses douces pollutions :

> C'est en rêvant à sa Julie,
> Par son vit en rut dans ses mains,
> Que son foutre, avec son génie,
> Passait dans ses écrits divins.

Mirabeau, dans les bras de Sophie, fut-il ja-

4

mais aussi brûlant, aussi tendre que lorsque, dans la solitude de son cachot, il venait de lui faire un larcin ! Ce style de feu, cette imagination peuplée d'idées heureuses et d'images brillantes, étaient les fruits de ce plaisir.

La *masturbation* fut la muse de Mirabeau, comme elle avait été celle de Jean-Jacques. Tous les autres grands hommes l'ont souvent invoquée, mais avec beaucoup moins de ferveur, parce qu'ils sacrifiaient trop souvent sur l'autel de Vénus, mais aussi leur génie et leur éloquence se sont-ils moins élevés et leur ont assigné un rang moins glorieux et moins honorable dans l'opinion des hommes. Les sages que l'on admire le plus par leurs vertus mâles et par leurs principes vrais, n'ont usé que de ce plaisir, pour conserver mieux leur indépendance et leur courage. Socrate et Diogène en sont des exemples mémorables. Ils n'allaient pas, ces sages, perdre, dans les bras efféminés de la beauté, les qualités les plus précieuses de leur âme. L'homme n'est plus lui, quand il se laisse enchanter par ce sexe perfide.

Les Sirènes sont représentées sous les formes de la femme ; elles en ont la voix, la beauté et les charmes trompeurs. C'est par les abîmes où les Sirènes précipitent les malheureux voyageurs qu'elles ont attirés, qu'on a voulu représenter les dangers que l'on court en s'abandonnant à son goût pour les femmes. Que devient en effet l'homme qui leur porte son encens et son adoration? Il devient faible, tremblant, pusillanime; il se courbe honteusement sous un joug indigne de lui; il devient l'esclave soumis des caprices de sa maîtresse, l'instrument de ses plaisirs et la dupe de ses infidélités : il n'a plus d'âme, plus de volonté; il n'est plus homme ; enfin, il est comme s'il n'existait pas; et quand il revient de cet état d'anéantissement, il ne lui reste pour souvenir que des regrets.

Jusqu'ici, ce n'est que pour les hommes que j'ai vanté les avantages de la masturbation. Mais les femmes !... C'est dans cet âge tendre où leurs sens viennent de se développer, où leurs imaginations romantiques peuplent le monde, pour elles, d'êtres accomplis et charmants; dans cet âge heureux des illusions où l'amour commence à leur faire sentir son empire ; c'est alors que, guidées par l'instinct de la nature et par la tendre ardeur de leurs dé-

sirs, elles apprennent le secret du bonheur;
c'est alors que, d'un doigt gracieux et timide,
elles approchent en rougissant du sanctuaire
des plaisirs, et goûtent à longs traits les déli-
ces dont il les enivre par son léger mouve-
ment.

> Là, sur l'albâtre, on voit naître l'ébène,
> Et sous l'ébène une rose s'ouvrir;
> Mais, jeune encore, elle s'ouvrait à peine,
> Un joli doigt, qu'assouplit le désir,
> En l'effeuillant, y cherche le plaisir.
> (Parny, *Guerre des dieux.*)

C'est au plaisir de la pollution que ce sexe
doit toutes ses vertus et son bonheur; sa mo-
destie, sa pudeur, sa sagesse, sont liées à ce
plaisir, parce qu'il est plus doux, plus varié
que celui que la beauté chercherait dans les
bras d'un amant. Combien de nouveaux époux
lui doivent la virginité de leurs jeunes épou-
ses! Cette fleur, que l'hymen se montre si
jaloux de cueillir, aurait été souvent fanée par
un amant heureux. Combien de maris absents
ne lui doivent-ils pas la fidélité de leur ardente
et chère moitié?

Je n'ai point chanté ces derniers avantages de la pollution dans ce petit poème, parce que j'ai craint l'ennui que sa longueur pourrait causer. Peut-être en ferai-je le sujet d'un second poème, si le public paraît honorer le premier d'un accueil favorable. Je n'ai pas osé lui donner le titre ambitieux d'ode; j'ai jugé que le genre de talent de l'auteur devait faire donner un titre plus modeste à son ouvrage.

Ce n'est qu'aux hommes faits, et non point aux jeunes gens, que j'adresse *la Masturbomanie;* car je sens que, dans cet âge d'effervescence, on abuse de tous les plaisirs, et que l'abus de celui-là serait funeste comme l'abus de tous les autres.

LA MASTURBOMANIE

STANCES

O Masturbation divine !
Plàisir pur et délicieux ;
Tissot contre toi se mutine,
Dans son ouvrage ingénieux ;
Mais, d'Esculape cet apôtre,
A bien prouvé par ses leçons,
Qu'il s'était branlé comme un autre,
En dépit des culs et des cons.

Libre avec toi dans mon ivresse,
D'Amour je brave les tourments,
Les caprices d'une maîtresse
Et tous ses perfides serments.
Je me fous du poison funeste
Du con gâté d'une putain ;
Si je veux que mon vit me reste,
Je ne dois foutre que ma main.

C'est toi, philosophe d'Athènes,
Que je veux prendre pour patron ;
Toi, masturbateur Diogènes,
Dont la main ferme était ton con.
Quand il te vit cet Alexandre,
De la Victoire ce fouteur,
Thèbes ne serait point en cendre
S'il s'était fait masturbateur.

Garces, Tribades enragées,
Sodomites et vous Fouteurs,
Voyez cent villes ravagées
Par vos impudiques fureurs !...
Des Sabins la valeur fut vaine,
Quand Rome voulut foutre en con,
Et, par ses coups de cul, Hélène
Renversa les murs d'Ilion.

L'hercule juif dans son délire,
Sur la motte de Dalila,
De sa force perdit l'empire
Quand son poil tondu s'envola.
Loin de foutre une Philistine,
Quand de décharger il brûlait,
S'il eût branlé sa sainte pine
Il eût gardé le saint toupet.

Sans les neuf catins du Parnasse
Que foutait le brave Piron,
Eut-on pardonné son audace
D'avoir osé vanter le con ?

Mais il fut chatouillé par elles,
Ses couilles roulaient dans leurs mains ;
En faveur de ces immortelles,
Il chanta les autres putains.

Socrate, nous dit-il, ce sage
Nargua le sexe féminin,
Pour porter son lubrique hommage
Au cul d'un tendron masculin ;
Sa supposition est vaine ;
Maître Socrate s'est branlé,
S'est branlé jusqu'à perdre haleine,
Mais il n'a jamais enculé.

Aurait-on pu le nommer sage,
Si le cul l'avait enflammé ?
Oui, foutre en cul est une rage,
Sodome en feu l'a proclamé.
Mais parfois d'une ardeur extrême
Sentait-il le brûlant transport,
Il ne suffisait à lui-même
Par un philosophique effort.

Oui, pour le seul masturbomane,
Le vrai bonheur est réservé ;
Qu'on m'applaudisse ou me condamne,
En deux mots je l'aurai prouvé :
Il jouit de toutes les belles,
Sans être du con le sujet ;
Ne trouve jamais de cruelles,
Et change, quand il veut, d'objet.

Dans les soucis, dans les alarmes,
Dans les cachots, dans les déserts,
Le vit en main tarit nos larmes
Et fait oublier nos revers.
De soi-même un branleur est maître,
Indépendant, toujours heureux,
Il rit des fouteurs qui, pour l'être,
Ont toujours besoin d'être deux.

De Saint-Preux dans sa solitude,
Rousseau composa le roman ;
Mais, par une douce habitude,
Il l'écrivait en se branlant.
C'est en rêvant à sa Julie,
Par son vit en rut dans ses mains,
Que son foutre avec son génie,
Passait dans ses écrits divins.

Philosophe heureux par lui-même,
C'est là qu'il se foutait des rangs,
Du vain orgueil du diadème,
Du vil esclave et des tyrans.
Là, par la masturbomanie,
Conquérant l'immortalité,
Des plus beaux fruits de son génie
Il dota la postérité.

Seul dans son tranquille ermitage,
Il oubliait en déchargeant,
Et la calomnie et l'outrage
Des ennemis de son talent.

Tel Mirabeau, loin de Sophie,
Ne goûtait d'autre volupté
Que par la masturbomanie,
Au temps de sa captivité.

Le vit bandant, l'esprit s'enflamme,
Quand nous rêvons à la beauté ;
L'image d'une belle femme
Vaut mieux que la réalité ;
Sans cesse par nous embellie,
Tétons durs, beau cul, jambe au tour,
Garce idéale est accomplie,
Et toujours faite pour l'amour.

Poignet chéri, poignet fidèle,
Comme tu sers bien mon désir ;
Lorsque mon vit bandant t'appelle,
Tu pars, je goûte le plaisir !
C'est par ton mouvement agile
Que je sens, dans mes deux grelots,
Le foutre que mon corps distille
Couler de partout à grands flots.

Ce nectar, dans son cours rapide,
Par cent transports délicieux,
Arrive dans ma pine avide,
En sort, et m'ouvre enfin les cieux !...
Que n'ai-je un foutre intarrissable
Pour éterniser ce plaisir ;
Que n'ai-je un bras infatigable
Pour me branler jusqu'à mourir !

Lorsqu'après un sommeil paisible,
Embelli de songes heureux,
Je sens mon âme plus sensible,
Mon vit droit, mon cœur amoureux :
Alors mon idée à sa guise
Me transporte dans le boudoir
De la comtesse ou la marquise,
Ou près de nonnains au dortoir.

Là, je découvre, je patine
Ces cuisses fermes, ces tétons;
Tour à tour ma main libertine
Claque des culs, branle des cons.
Et soudain j'aperçois mes garces,
Se trémoussant, l'œil à l'envers,
M'annoncer par maintes grimaces
Que pour moi leurs cons sont ouverts.

De là je vole vers Bizance,
Où tant de cons oisifs fermés,
Pour un seul vit dans l'impuissance,
Sont toujours de foutre affamés,
J'entre malgré tous ces fantômes,
Gardiens des portes du sérail,
Qu'un jaloux retrancha des hommes
Pour en être l'épouvantail.

Oui, sultan, même ta puissance
Est sur moi sans aucun pouvoir ;
Quand mon vit, en effervescence,
Veut ton sérail pour son boudoir,

A l'instant sous mes mains ardentes,
Mottes, culs, tétons bondissants
De tes odalisques charmantes
Préviennent mes empressements.

Tout accourt, tout se précipite
Sur mon priape rubicond ;
L'une dans son cul m'offre un gîte,
L'autre l'engaîne dans son con ;
Le foutre de leurs yeux lubriques,
Comme de l'antre du plaisir,
Brisant ses liens despotiques,
Sur moi semble prêt à jaillir.

Quand ces dévorantes matrices
Brûlent enfin de décharger,
C'en est assez pour mes délices,
Je pars, il est temps de changer ;
Dans le vagin d'une duchesse
S'en vont forniquer mes cinq doigts ;
Cul de reine, con de princesse,
Je fous tout aux palais des rois.

Mais je n'y bande qu'avec peine,
Mon vit n'aime pas les grandeurs.
Vit de mulet vaut con de reine,
Je vais chez les cons laboureurs ;
Là je fous la brune ou la blonde,
J'encule ou je branle à mon choix,
Et de mon foutre ardent j'inonde
Ces culs dodus, ces cons étroits.

Puis dans sa course vagabonde
Et rival de l'astre du jour,
Mon vit bandant plonge dans l'onde
Pour foutre Thétis à mon tour;
Et comme les feux de ma pine
Bravent les feux du Phlégéton,
Je vais enculer Proserpine
Sous le nez même de Pluton.

Suis-je fatigué des connasses
Que je foutais dans l'univers,
Suis-je dégoûté des grimaces
Que fait la reine des enfers;
De suite, en ligne verticale,
Je me dirige vers les cieux;
Dans les cons divins je m'étale,
Et je fais cornards tous les dieux.

Je fous d'abord les immortelles
Dont Homère a peint la beauté,
Et qui sous ses pinceaux fidèles
Conservent l'immortalité.
C'est la première cour divine
Qui reçut l'encens des mortels:
C'est la première dont ma pine
Doit visiter les saints bordels.

Je grimpe nymphes et déesses.
Nageant dans le foutre divin,
Mon champion fait cent prouesses
Et des dieux nargue le destin.

Mais la plus charmante immortelle
A mon nombreux troupeau manquait;
En cherchant j'aperçois ma belle,
Et c'était Mars qui la foutait ! ! !

Holà ! vaillant dieu de la guerre !
Halte... je suis masturbateur,
Imite le dieu du tonnerre,
Livre tout con à mon ardeur ;
Mars déconne et monte la garde
Tout près du cul de sa catin,
Afin que si Vulcain regarde,
Je foute en dépit de Vulcain.

De Cypris, encor trémoussante,
J'enfourche les appas charmants :
Et dans sa main blanche et constante
Elle tient mes couillons flottants ;
De cent amours, dont elle est mère,
Quelques-uns chatouillent son con :
Quand un petit bougre, au derrière,
Me fait glisser le postillon.

En vrai Gascon je laisse faire,
Foutre le fils tant qu'il voudra,
Puisqu'à l'instant je fous sa mère,
Nargue au plaisant qui s'en rira.
Près de Vénus, je vois trois garces
Qui viennent branler ses beaux seins,
Et je reconnais les trois Gráces
A leurs belles chutes de reins ! ! !

Le plus pur des parfums s'exhale
Du vagin même de Cypris;
Et d'une ardeur toujours égale
Je vois l'amante de Pâris
S'agiter, remuer les fesses,
Me découvrir mille trésors,
Me prodiguer mille caresses,
Et décharger dans ses transports.

Ne bandant plus pour les païennes,
Sentant mes couillons engourdis,
Je veux enconner les chrétiennes,
Je pars, je suis en paradis!
Là, j'aperçois la Vierge mère
Près du Saint-Esprit son amant;
Je trousse aussitôt la commère
Et je la fous divinement.

Cependant le pigeon regarde
Avec des yeux pleins de courroux;
Et ce tiers de Dieu se hasarde
De faire avec moi le jaloux.
Le Saint-Esprit est plein de ruse :
Pendant que je le fais cocu,
Ce bougre, à coups de bec, s'amuse
A m'arracher les poils du cul.

Comme le *vir probus* d'Horace,
Je tiens bon; l'oiseau rugissant,
De tous ses vains efforts se lasse
Et va se plaindre au Tout-Puissant.

Mais le papa, qui n'est pas bête,
Lui dit : Joseph est-il venu,
Quand tu lui plantais sur la tête
Ce bois qui le rendit cornu ?

Non... A ton tour laisse donc faire,
Tout est commun entre chrétiens :
On peut foutre la Vierge mère,
Quand on déserte les païens.
Lors, en foutant, plus ferme et leste,
La reine de ce divin lieu,
Je vois que le troupeau céleste
Me prend pour le Saint-Esprit Dieu.

Des vierges chantent des cantiques,
L'une est en méditations,
Quand une autre, aux yeux séraphiques,
Me vient baiser les deux couillons :
Et soudain bandant comme un pape,
Je vois les saints ribauds du ciel,
Pour m'imiter faire l'agape
Avec les vierges d'Israël.

Tout est en rut et tout décharge,
Dieu ! qu'ils sont gros ces vits de saints,
Cependant ils ont de la marge
Aux culs des célestes catins ;
Pour moi je cours à d'autres vierges,
Le changement plaît en amour.
Mais pour ces cons, il faut des cierges,
Et je pars du chrétien séjour.

5

Guidé par une ardeur lascive,
Cherchant aux cieux d'autres bordels,
En un coup de poignet j'arrive
A de nouveaux cons immortels.
Là, pour mon plaisir tout s'apprête,
C'est le plus beau des paradis,
Sous un turban un vit prophète
Est branlé par mille houris.

Au grand Mahomet je rends grâce,
C'est là le séjour musulman;
Pour foutre, il n'est rien qu'on ne fasse,
Et je me fais mahométan.
Divin Carrache, et toi l'Albane,
Prêtez-moi vos légers pinceaux !
Pour que la beauté musulmane
Ne perde rien à mes tableaux.

Les Euxis et les Praxitèle,
Que sont-ils près du saint sultan !..
Des Phidias et des Apelle,
Ose-t-on vanter le talent !
Sous leurs ciseaux on vit éclore
Les belles formes de Cypris;
Mais Mahomet fit plus encore,
Puisqu'il enfanta les houris.

Teint plus délicat que les roses ;
Beaux yeux où se peint le désir ;
Bouche qui dit aimables choses,
Et toujours invite au plaisir ;

Lèvres qui donnent au sourire
L'air piquant et voluptueux,
Selon qu'un saint élu soupire
Ou se montre moins amoureux.

Tétons fermes en belle pose,
Du lis surpassant la blancheur,
Couronnés d'un bouton de rose,
Qui ne perd jamais sa fraîcheur ;
Taille élégante qu'on embrasse
Dans les quatre doigts des deux mains ;
Chute de reins pleine de grâce,
Et fesses aux contours divins.

Ventre uni, blanc comme l'albâtre,
Que l'on voudrait baiser toujours ;
Motte en dôme qu'on idolâtre,
Où vont se nicher mille amours.
Clitoris qui, bandant sans cesse,
Attend l'heureux doigt polisson ;
Con charmant par sa petitesse,
Qu'ombrage une épaisse toison.

Con dont le vermeil orifice
S'ouvre aux approches du plaisir,
Comme d'une fleur le calice,
S'entr'ouvre au souffle du Zéphir.
Jambe au tour et cuisse parfaite,
Pied mignon qui court en volant,
Voilà les traits que le prophète
Fit aux houris en se branlant.

Car ce grand héros de Médine,
S'il s'extasiait mainte fois,
C'est quand il se branlait la pine,
En créant ces jolis minois.
Tel on vit jadis Prométhée,
Dans ses transports masturbateurs,
Animer Pandore enfantée
Avec mille attraits enchanteurs.

Dans ce paradis tout s'encule,
Tout fout ou se branle à son choix :
Le foutre bouillonnant circule,
Et de partout tombe à la fois.
Mais de certains cons, s'il s échappe,
Ses flots arrêtés en chemin,
Par les coups d'un vaillant priape,
Sont repoussés dans leurs vagins.

Beaux culs, beaux cons, par ce t postures,
En ribauds fins et concurrents ;
Toujours variant leurs allures,
M'offrent cent plaisirs différents.
Partout des couples qui s'empressent
De s'unir d'un commun transport,
Tombent, s'enfilent et se pressent,
Couilles battant tribord, babord.

Animé par tous ces spectacles,
Saisi d'une sainte fureur !
Mon vit partout fait des miracles,
Partout mon vit entre en vainqueur.

Mais comme une longue victoire
Épuise enfin un conquérant,
Je mets des bornes à ma gloire,
Et ne suis plus belligérant.

Je cherche alors, en homme sage,
A quitter le séjour des dieux;
Il me faut sauver à la nage,
Car le foutre inonde ces lieux.
Je me dirige chez les hommes;
Là que tout est vain et petit;
Les rois n'y sont que des atomes,
J'ouvre l'œil, je suis dans mon lit.

C'est ainsi qu'un masturbomane
Va, durant le jeu de sa main,
De la grisette à la sultane,
Et du monde au séjour divin.
Exempt des soins, il reste en place;
Mais, c'est sur l'aile du désir,
Que ses pensers, avec audace,
Vont butiner pour son plaisir.

Oui! garces de toute la terre,
Garces des enfers et des cieux,
Vous devez toutes lui complaire,
Il est plus puissant que les dieux.
Toutes les putains trépassées,
Comme les futures putains,
Sont vivantes dans ses pensées,
Toutes ont leur con dans ses mains.

Rien ne résiste à la puissance
De l'amoureux masturbateur ;
Ni la fierté, ni l'arrogance,
Ni la vertu, ni la pudeur !
Et la mystique pruderie,
La froide insensibilité
Et l'avare coquetterie,
Tout fléchit sous sa volonté.

Voyez le bel Alcibiades,
Qui foutit si bien de Laïs,
Sans détours ni compliments fades,
Le mercenaire con, gratis.
Savez-vous comment ce grand homme
S'y prit, malgré ce vagin-là,
Pour ainsi foutre en économe ?
Cet homme illustre se branla.

Lors la catin pleine de rage
Qu'en songe on eut foutu son con,
En vain devant l'Aréopage
Réclame une injuste rançon.
L'auguste tribunal suprème
Veut que ses charmes demandeurs,
En songe, soient payés, de même
Qu'on a joui de leurs faveurs.

Eh bien ! ami, que vous en semble ?
De mes goûts et plaisirs divers,
Puisqu'à mon gré je fous, ensemble,
Le ciel, la terre et les enfers.

Ce sont là, dira-t-on, des songes!!!
J'en conviens; mais, en vérité,
L'homme est heureux dans ses mensonges,
Il n'est mal qu'en réalité.

FIN

LA

FOUTROMANIE

POÈME LUBRIQUE

EN SIX CHANTS

Scilicet is Superis labor est, ea cura quietos
Sollicitat.....

Virg. Æneid.

———— ∞ ————

SARDANAPALIS

—

1775

AVERTISSEMENT

DES NOUVEAUX ÉDITEURS

———

Gabriel Sénac de Meilhan est né à Paris en 1736. Son père, premier médecin du roi et conseiller d'État, lui fit donner une excellente éducation, et Gabriel devint successivement conseiller au grand conseil, maître des requêtes et intendant militaire de l'Aunis, de la Provence, puis du Hainaut. Il est auteur de nombreux ouvrages économiques, philosophiques et littéraires, et dont la plupart ont obtenu plusieurs éditions. Ses *Œuvres historiques et politiques* ont été publiées de nouveau en 1862 par M. de Lescure, qui témoigne une grande

estime pour la capacité de l'auteur. Les *Lettres
inédites de la marquise de Créqui à Sénac
de Meilhan* ont aussi été publiées récemment
avec des notes de M. Edouard Fournier et une
introduction de M. Sainte-Beuve. Sénac de
Meilhan est mort en 1803. ·

La première édition de la *Foutromanie* parut
en 1775, un an après l'avènement au trône de
Louis XVI; elle obtint un grand succès. La
lettre suivante, extraite de *l'Espion anglais,
ou Correspondance secrète entre deux milords*
(milord All-Eye et milord All-Ear), en témoi-
gnera suffisamment :

« *Sur un livre obscène intitulé :*
LA F.....MANIE.

» Je ne vous fais mention, milord, de cet
ouvrage infâme, que parce que vous voulez ne
rien ignorer de ce qui attire l'attention de
cette capitale. Il y occasionne un bruit si con-
sidérable, que j'ai eu envie de le lire. Il est
fort rare. M. Le Noir a les ordres les plus pré-
cis du gouvernement d'en empêcher la distri-
bution. Malgré cette inquisition, la cupidité
audacieuse élude et trompe tous les efforts

des émissaires de la police pour s'opposer au
débit de la *F.....manie*. Quoique plusieurs col-
porteurs soient arrêtés et menacés des peines
les plus graves, il en perce des exemplaires
et ils ne sont pas même à un prix exorbitant,
puisqu'ils ne coûtent aujourd'hui que 9 livres
la pièce. Voici l'analyse de cet ouvrage obscène,
dont le plus grand mérite est d'être prohibé.
Il est intitulé : *Poème lubrique, à Sardanapa-
lis, aux dépens des amateurs*. Il est divisé en
six chants, d'environ 300 vers chacun. Il est
précédé d'une préface servant d'apologie à
l'entreprise de l'auteur, et surtout à la ma-
nière cynique de son exécution. Il ne dit là-
dessus que les lieux communs usités par ses
semblables.

» Ce poème est le contraire de *Parapilla*.
Celui-ci roule sur la chose la plus ordinaire,
sans contenir un mot sale, et l'autre les em-
ploie jusques en parlant morale. Il n'est pro-
prement que la paraphrase de la fameuse *Ode
à Priape*, immortel chef-d'œuvre de Piron
dans le genre érotique. On sent qu'en délayant,
en étendant, en multipliant en tout sens les
peintures énergiques de ce grand maître, on

n'a pu que les affaiblir. D'abord on croirait que
c'est un traité didactique sur cet art, objet de
tant d'écrits ; il semble que le poète en ait eu
le projet, mais il le perd souvent de vue, et
ses chants ne sont pas même bien distincts.

» Dans le premier, après une invocation à
la *Luxure* et aux ombres des morts les plus
illustres dans le genre que célèbre l'auteur, il
trouve que la *F.....manie* est le bonheur des
dieux, qu'elle les empêche de s'ennuyer. Il
conseille aux hommes d'en faire autant : il
peint son état quand il tient Mlle Dubois dans
ses bras (cette ancienne actrice de la comédie
française est la première qui ouvre la marche).
Il est si fier alors qu'il brave les plus grands
héros et même le roi de Prusse. Les demoi-
selles Arnoux et Clairon figurent ensuite. En
parlant de celle-là, l'auteur, si impudent sur
les objets les plus sacrés, semble n'oser nom-
mer le comte de Lauraguais, et laisse en blanc
le nom de ce seigneur. Il n'est pas si délicat à
l'égard du comte de Valbelle, dont il peint
l'attachement aveugle pour celle-ci. Mlle Allard
figure après avec le duc de Mazarin. Mlle Ves-
tris, émérite de l'Opéra, n'est pas oubliée. Des

héroïnes de théâtre l'auteur passe aux duches-
ses ; il peint les mœurs à la mode parmi les
femmes de cour qui se dédommagent, avec
leurs laquais, des caresses que leurs maris
prodiguent aux courtisanes. Court et vigou-
reux épisode sur la vieille Polignac de Pantin,
si renommée pour son effroyable *putanisme*.

» Dans le second, description des charmes
d'une fille novice et des ardeurs d'un jeune liber-
tin : rien n'arrête la lubricité à cet âge, pas
même les menaces de l'enfer. Les directeurs
se livrent aux mêmes débauches plus secrète-
ment ; l'auteur met à cette occasion en scène
un père *Chrysostôme*, carme. Déclamation con-
tre les plaisirs imparfaits des couvents. Episode
d'un *F.....mane* se déguisant en vitrier et péné-
trant chez des religieuses. Sortie contre les
tribades, les pédérastes. Le vieux duc d'El-
bœuf est un des premiers qui ait amené cette
dernière secte en France. Digression sur la
vérole.

» L'auteur ouvre le troisième chant par
vanter l'art qui guérit cette peste. Il célèbre
les hardis champions qui ont bravé ce mal
immonde : il passe sans transition aux prélats

de cette espèce ; il parle des amours de M. de
Montazet, archevêque de Lyon, avec madame
la duchesse de Mazarin. Il se permet l'écart le
plus indécent sur celles du duc d'Orléans et de
madame de Montesson ; et poussant la licence
jusqu'à insulter aux mânes de la feue duchesse,
il révèle au grand jour le secret des penchants
de cette princesse pour MM. de l'Aigle et de
Melfort, et ne rougit pas de les peindre victimes
des caresses empoisonnées de son Altesse.
Cependant il ne veut pas d'amour platonique.
C'est en France où l'on ne se morfond pas
auprès des femmes ; on en trouve dans tous les
rangs de disposées à l'art, objet du poème. Il
faut prendre garde de se mettre mal avec ce
sexe aimable. Comment y suppléer? La pédéras-
tie est décriée ; ce qui donne lieu de raconter
la disgrâce du prince de Beaufremont, beso-
gnant un *Cent-Suisse*. Le peintre revient aux
attraits de la femme. Il finit ce chant par
l'éloge de l'Arétin, inventeur des fameuses
postures.

» Le quatrième chant est consacré à l'éloge
du *Bordel*. Les célèbres maquerelles sont pas-
sées en revue : *Pâris*, *Carlier*, *Bokingston*,

Montigny, d'Héricourt, Gourdan, reçoivent l'encens de l'écrivain. Description des orgies délicieuses de ces lieux infâmes. Le lit et la table doivent se succéder ; c'est ce qui rend les Allemandes meilleures pour la F.....manie ; l'auteur le pense ainsi et maudit l'Italie, où il s'est ruiné la bourse et la santé.

» Le poète, au cinquième chant, encourage ceux qui seraient effrayés de la vérole : toutes les femmes ne l'ont pas. Et puis, le moyen de résister à l'impulsion d'un tempérament de feu ? Montesquieu a brûlé, ainsi que Rousseau et Marmontel ; c'est Daubeterre qui a enflammé ce dernier. Grand éloge de Dorat, poète *F.....mane ;* ce qui annonce combien l'auteur connaît peu ce flasque héros d'amour. Digression contre les Hollandais, qui n'aiment que l'or. Morale sur le bon usage des richesses, ce qui donne lieu de tomber sur M. de Brunoi. Description des cardinaux impudiques : Spinola couche avec Palestrine, Albani avec Alfieri, Bernis avec Sainte-Croix,.Borghèse est b..... C'est ici que ce nouveau Mézence, provoquant la foudre des dieux de la terre, ose se permettre de mettre en scène l'auguste Marie-

6

Thérèse, l'illustre souveraine des Russies, le roi de Pologne, la feue reine de Danemark, et que, par une pitié insultante dans sa façon de s'exprimer, il plaint les dames de France, les tantes de Louis XVI, de vivre célibataires.

» Agironi est le héros du sixième chant. Ce charlatan l'a sans doute guéri de quelque galanterie ; il le met bien au-dessus de *Keyser* et de tous ses semblables. Il entre dans quelques descriptions anatomiques, à la manière de M. Robé ; puis il revient sur le sujet de ses vers, sur la *F.....manie,* âme de l'univers. Il termine ainsi, après avoir ressassé, en ses termes orduriers et accoutumés, cette morale *Épicurienne* si dégoûtante dans sa bouche.

» On ne peut nier que cet auteur, qui fera bien de garder le plus parfait incognito, n'ait quelque talent pour la poésie, qu'il ne montre de la facilité ; mais il manque de l'essentiel en pareil genre, de l'énergie. Corneille disait que pour faire une bonne tragédie, il fallait avoir des c....... ; à plus forte raison, quand on traite de celles-ci. Il y a cependant quelques tirades dans l'ouvrage plus remplies de nerf. Ce sont précisément les plus condamnables, celles

où la plume aurait dû lui tomber des mains.
Sa description des débauches des cardinaux est
vive et rapide, mais n'approche pas de celle où
le poète forcené lève le voile sur les mystères
amoureux qu'Homère a tracés d'un pinceau si
chaste en célébrant les noces de Jupiter et de
Junon. Doublement émule d'Arétin, et par son
obscénité et par son audace, il parle avec une
impudence sacrilége des deux plus grandes
princesses de l'Europe, aux vertus desquelles
il rend hommage, même en les calomniant,
et dirigeant vers elles son encens empesté du
fond de la fange où il se roule.

» On sent qu'une furie seule a pu inspirer
l'écrivain lorsqu'il composait ces vers, dignes
du feu, ainsi que lui. Que ne s'en tenait-il aux
héroïnes faites pour figurer dans la galerie de
ses portraits? Combien d'anecdotes, d'épisodes,
d'historiettes en ce genre auraient pu lui
fournir les coulisses et les courtisanes du grand
ton, s'il eût voulu en enrichir ses chants. Au
contraire, il ne parle que de quelques vieilles
impures et ne paraît nullement instruit de
l'histoire des filles de Paris, dont il aurait dû
se meubler la mémoire, avant que d'entre-
prendre sa tâche très mal remplie.

» En voilà beaucoup trop, sans doute, milord, sur un poème qui mériterait d'être condamné à un éternel oubli, si la curiosité insatiable et irritée par une proscription rigoureuse ne lui donnait une vogue éphémère ; car, au fond, il ne peut plaire à aucune espèce de lecteurs, et n'a pas même le mérite des livres de ce genre pour les jeunes débauchés, dont ils fomentent les passions, et pour les vieux, dont ils rallument les désirs.

» Puissiez-vous, milord, ne pas avoir besoin de pareilles ressources ! Pour moi, j'ai toujours le cœur chaud pour mes amis et surtout pour vous.

» 1er *février* 1779. »

ÉPITRE DÉDICATOIRE

AUX

FOUTROMANES DES DEUX SEXES

———

Ce n'est point ici une religion nouvelle, un culte moderne, que je viens vous offrir, aimables débauchés qui comptez pour les plus doux moments de la vie ceux que l'on donne aux plaisirs, à la volupté. Les tendres impulsions de la nature sont d'une antiquité égale à celle de l'existence du genre humain ; et s'il s'agissait de vous présenter ici l'arbre généalogique de la foutromanie, vous le verriez porter sa tige touffue dans l'Olympe, et ses racines pro-

fondes dans les gorges du Ténare. Les dieux,
les déesses furent donc foutromanes ; c'est un
axiome de la Fable, de cet ingénieux emblème
de la vérité. A leur exemple, les demi-dieux,
les héros s'abandonnèrent au doux penchant
de la lubricité. On vit dans tous les siècles,
dans tous les âges, la luxure exerçant son
inévitable empire sur tous les individus de
l'espèce humaine, physiquement organisés à
l'instar des animaux. Le besoin et le désir de
la reproduction entraînèrent constamment les
objets les uns vers les autres, et disposèrent
les *atomes* séminaux à une attraction récipro-
que, en sorte que ce n'est rien avancer de trop
que de faire remonter la foutromanie à l'ins-
tant de la création,

Les opinions les plus anciennes sont celles
qui semblent avoir le plus de droits à notre
confiance, à notre affection. Chérir ce qui de
tout temps fut cher à nos prédécesseurs ; croire
à ce qui mérita leur approbation ; rendre hom-
mage à ce qui réunit ceux de tous les siècles
antérieurs, c'est agir sagement, c'est préférer
un chemin sûr et frayé à des routes nouvelles et
mensongères. Pratiquons les dogmes immé-

moriaux de la foutromanie ; laissons murmu-
rer, et même fulminer, ces moralistes impor-
tuns, hypocrites, qui, en condamnant avec une
sévérité apparente les objets qu'ils aiment le
plus, vont en cachette s'enivrer de ces plai-
sirs, qu'ils voudraient défendre aux autres,
et qu'ils se permettent furtivement. Mahomet
prohibait le vin aux Musulmans, et n'en bu-
vait pas moins le plus délicieux. Les Hébreux
modernes ne s'abstiennent guère des viandes
prohibées à tous les circoncis, et tous les graves
Sorbonnistes, dont la censure ne pardonne
rien, se dérident toujours à l'aspect du fruit
défendu, cessent d'être austères *en présence
de l'objet*, et n'hésitent pas à se précipiter dans
cet abîme, dans ce centre où tout tend. C'est
alors que les choses se nomment par leurs noms,
sans périphrases, sans voiles incommodes,
parce qu'enfin il n'est pas plus indécent, à
bien y réfléchir, de nommer le membre viril un
vit, et le foyer de la femme un *con,* que de dé-
nommer toute autre partie du corps. Ces minu-
tieuses modesties ne réussissent aujourd'hui
pas même chez les béguines, à qui maint jar-
dinier et maint directeur ont donné des leçons

utiles de langue et de physique expérimentale.
La crainte de corrompre la jeunesse est une peur
frivole qui ne ferait qu'étouffer le génie des
auteurs, sans empêcher la contagion, si c'en
est une, de faire des progrès. Sodome et Go-
morrhe avaient déjà, par leurs excès, provoqué
le feu vengeur du ciel avant que nos écrivains
eussent mis au jour *Dom bougre, Thérèse
philosophe, le Débauché converti, le Chapitre
général des Cordeliers ;* avant que l'Homère
des Français, le chantre du grand Henri,
eût composé son ingénieuse *Pucelle ;* avant
que l'immortel Piron eût produit l'inimitable
chef-d'œuvre en l'honneur du dieu Priape. Il
est donc du dernier ridicule de vouloir repro-
cher aux auteurs qui écrivent sur les matières
lascives la corruption déjà existante, et dont
ils ne sont que les historiens. Autrement, on
pourrait avancer que quiconque écrit sur la
guerre, la politique et les différents objets qui
intéressent les nations, devient complice des
vices inévitables auxquels les guerriers et les
politiques de tous les pays, de tous les siècles,
ne peuvent apporter que de faibles barrières.

J'espère donc que les lecteurs à qui cet ou-

vrage tombera entre les mains ne me sauront
pas mauvais gré d'avoir écrit l'histoire et les
progrès de la foutromanie, de cet art primitif
et suivant la nature, dont l'origine est aussi
célèbre qu'utile, dont la décadence entraîne-
rait celle de l'univers. Ovide composa l'*Art
d'aimer* (1) : qu'il me soit permis de décrire
l'*Art de foutre;* et si l'on ne trouve pas dans ma
Foutromanie toute l'énergie dont brille l'*Ode
à Priape,* que l'on se souvienne combien il est
malaisé de soutenir, dans un ouvrage didacti-
que et de longue haleine, le ton sublime et ma-
jestueux du genre lyrique. De la légèreté, de
la facilité, de la vérité dans les tableaux,
voilà tout ce que je me propose, n'aspirant à
aucune gloire trop élevée, et n'ayant entrepris
qu'une description libre de cette foule d'évé-
nements qui appartiennent immémorialement
aux annales de la foutromanie.

(1) Cet *Art d'aimer* d'Ovide vient d'être traduit en vers
français par M. Bernard, que Voltaire appelle le *Gentil
Bernard*. Mais il s'en faut de beaucoup que la traduction
ait l'énergie et la chaleur de l'original.

LA FOUTROMANIE

CHANT PREMIER

Vous le voulez... je vais souiller mes rimes,
Poétiser en jargon ordurier,
Des cons, des culs diviniser les crimes,
Chanter des vits les combats magnanimes,
Du dieu Priape embellir le laurier,
Et dans mes vers, impurement sublimes,
Du grand Voltaire enfiler le sentier.
Toi, dont les feux raniment la nature,
Qui, maîtrisant l'homme et les animaux,
Brûle en secret le cuistre et le héros,
Sois ma déesse, adorable Luxure !
Viens décider mes lubriques pinceaux !
Si, des remords écartant le murmure,
Robbé, Piron, dans leurs riants travaux,
De traits frappants chargèrent leurs tableaux,
Toi seule en fis le fond et la bordure :

Grâce à toi seule, ils sont toujours nouveaux.
Des doux amours suivant les nobles traces,
Tu les fixas, tu dévoilas les grâces,
Et, nous montrant d'heureuses nudités,
Tu nous logeas au sein des voluptés.
Pour tes enfants, reproduis tes spectacles,
À tes amis rends de tendres oracles,
Et, réveillant leurs languissants désirs,
Sous mes crayons offre-leur les plaisirs !
Vous, des ribauds, des héros foutromanes,
Et des putains, urnes, cendres et mânes,
Ranimez-vous au doux son de mes vers,
Rajeunissez ce futile univers,
De vos transports échauffez mon génie ;
Par mille fleurs, mille charmes divers,
Donnez du sel à ma Foutromanie,
Et d'un beau sperme abreuvant Uranie,
Enchaînez-la dans nos aimables fers !

Les dieux, jadis, ennuyés, misérables,
Dans leur Olympe existaient sans plaisirs ;
Un feu soudain rallume leurs désirs ;
Leur cœur ressent des flammes agréables,
Pour cent beautés ils poussent des soupirs,
Les cons, les culs leur semblent admirables.
Pendant la nuit et le cours du soleil,
Le vit bandant, ils tiennent leur conseil,
Ne dorment plus, tant l'amour a de charmes !
De nos frayeurs, des humaines alarmes,
De nos erreurs, de notre vil encens,
Sont peu troublés, dédaignent nos présents ;

Toujours pendus aux cons de leurs déesses,
Dans leurs vagins épuisent leurs tendresses,
Au pur hasard remettent les destins,
Ne songeant guère au bonheur des humains.
Or ça foutons, puisqu'aux tendres ivresses
Les dieux prudents donnent un libre cours,
Puisqu'entraînés par de lascifs amours,
Toujours fourrés dans les cons ou les fesses,
A la luxure ils consacrent leurs jours,
Suivons gaîment leurs utiles exemples.
La volupté nous offre mille temples ;
N'en sortons plus, varions nos plaisirs ;
Du con au cul, des tétons aux aisselles,
Errons sans lois, promenons nos désirs,
Rendons heureux cent objets infidèles,
Et gardons-nous de coupables loisirs.
Le Temps volage et l'Amour ont des ailes :
En jouissant, on les fixe tous deux ;
On rit du sort, on maîtrise les dieux,
On est orné de palmes immortelles,
Lorsque, chassant les soucis ennuyeux,
On sait errer dans les bras de vingt belles !
Tâtons de tout, soyons fouteurs célèbres,
Immergeons-nous dans ce doux océan,
Centre commun, nécessaire élément,
Et, repoussant les nuages funèbres,
Sans différer, jouissons du présent !
Le moment vient où la triste impuissance
Dicte des lois, appesantit le cœur,
Et sur nos sens distille la langueur ;
Où les mortels, enclins à l'indolence,

Pour les plaisirs n'ont force ni vigueur :
C'est du trépas éprouver la rigueur,
C'est être mort que de vivre sans foutre !
Ne bandant plus, qu'importe d'aller outre,
D'être sur terre un onéreux fardeau,
Et d'y trouver les glaces du tombeau !
Tendre Vénus, règle mes destinées,
Embrase-moi de ton ardent flambeau ;
De Cupidon prête-moi le bandeau,
File avec art mes jours et mes années !
Sans nul effroi de l'enfer et des dieux,
J'ai tout bravé pour brûler de tes feux,
Et, déposant toute crainte frivole,
J'ai mille fois affronté la vérole,
Livré l'assaut aux plus vertes putains,
Comptant pour rien les chancres, les poulains
Et tous ces maux, dont l'habile saint Côme,
Par le mercure a su délivrer l'homme ;
Couronne-moi de tes plus beaux lauriers,
Embrase-moi par mille ardents baisers,
Et fais passer dans ma bouillante veine
Les feux vainqueurs du ravisseur d'Hélène !
Le beau destin que celui de Páris :
De cent putains terminer la querelle !
Le tendre sort que celui d'Adonis :
Pouvoir mourir dans les bras d'une belle !
Pour un ribaud, pour un hardi fouteur,
C'est au bordel que gît le champ d'honneur.
La mort n'est rien, le plaisir est suprême !
Un joli con vaut mieux qu'un diadème !
Quand je patine un couple de tétons,

Durs, arrondis, rebelles, élastiques,
Lorsque nanti de mille appas physiques,
Mon vit, en rut, décharge à gros bouillons,
Des dieux, des rois je méprise la gloire,
De l'Achéron je brave l'onde noire,
Aux vils cagots, aux fiers ambitieux
Laissant le soin de la terre et des cieux.
Sots amateurs des biens, de la puissance :
Le vrai bonheur est dans la jouissance.
Pour être heureux, ô lubriques mortels,
Faut-il, hélas! un trône et des autels?
Pourquoi briguer un hommage, une offrande?
A quoi me sert la grandeur quand je bande?
Un con touffu, mutin, ingénieux
A deviner cent tours voluptueux,
Des reins d'ivoire et des fesses de marbre,
Une charnière à mobiles ressorts,
Qui, sans quartier, m'attaquant corps à corps,
S'unit à moi comme le lierre à l'arbre,
Qui, secondant mes amoureux efforts,
Aux coups de cul répond avec adresse,
Serre mon vit, forge les voluptés,
Et me prodigue une adorable ivresse,
Voilà mes lois et mes divinités.
Avec le sceptre, et l'encens, et l'hommage,
Jamais paillard, jamais fouteur ni sage
N'ira troquer les plaisirs enchanteurs.
Laisser les cons à l'appât des honneurs.
Quand, dans mes bras lascivement serrée,
Je tiens Dubois (1), demi-morte, égarée,

(1) Actrice de la Comédie Française.

Ne renaissant que pour doubler l'assaut,
Mon cœur content croit tenir Cythérée.
Je suis de braise, et mon vit au plus haut,
Fier de fourbir de si superbes charmes,
De Jupiter ne voudrait pas le sort,
A Frédéric (1) ne rendrait pas les armes,
Soutient son rang et me conduit au port.
En la formant, la divine nature
N'épargna rien : l'esprit et la beauté,
Telle est, en bref, sa fidèle peinture.
Au globe entier, humaine créature
N'eut autant l'air d'une divinité.
Du putanisme augustes héroïnes,
Tendres Saphos, modernes Messalines,
Venez toutes, c'est ici votre temps ;
Je vais tracer vos lubriques talents,
Vos grands exploits dans la foutromanie,
Peindre au naïf plus d'une aimable orgie,
Où cent putains, épuisant les ribauds,
Aux vits bandants servirent de tombeaux.
Arnou (2), Clairon (3), vous gémiriez sans doute,.
Si, me taisant, je vous faisais l'affront
De refuser à votre aimable front
Les grands honneurs de la sublime joute ?
Vit-on jamais, sous la céleste voûte,

(1) Le glorieux seigneur de Potsdam.
(2) Chanteuse de l'Opéra, fille d'un pâtissier, devenue célèbre par ses amours avec le comte de ***
(3) Première actrice de la Comédie Française, auparavant fameuse par son penchant pour les casernes et les corps de garde.

Plus de débauche, un plus facile ton
Que n'en offrit l'illustre Frétillon?
Cette catin qui, pour à fond connaître
Le cœur humain, la trempe de son être,
Dix ans entiers logée au Pavillon (1),
Aux bons fouteurs fut tour à tour fidèle,
Analysa les vits des officiers,
Des caporaux, enfin des grenadiers,
Et qui de là, se donnant pour pucelle,
Des comédiens épousa la séquelle,
Fit la bégueule, avec art déclama,
Rendit heureux le premier qui l'aima,
Au beau Vabelle (2), attrapé dans son piège,
Parut cent fois plus blanche que la neige,
Et, pour le suivre, un beau jour s'éclipsa,
Quand de Calais on termina le siège (3).
Arnou fut tendre avec tous ses amants,
Se montra douce, et leur fit des enfants...
Le chant, la voix étendaient leur empire,
Chez les ribauds engendraient le délire,
Lorsque la danse, aux lascifs mouvements,
Obtint la palme et captiva les sens.
Allart (4) sauta : nouvelle Terpsichore,

(1) A Metz, où elle exerça longtemps avec distinction
l'art de la foutromanie.
(2) Le comte de ce nom vit comme un époux avec la
Clairon, devenue enfin femme honnête.
(3) On devait représenter de nouveau cette tragédie de
M. du Belloy, lorsque la Clairon se retira pour toujours
du Théâtre-Français.
(4) Célèbre saltimbanque femelle qui a ruiné la santé et
la bourse de bien des foutromanes, nommément du duc de
Mazarin,

7

Elle aperçut les claquements éclore,
Donna l'essor à son œil libertin,
Rendit public son penchant clandestin,
Et, jouissant de l'une à l'autre aurore,
Avec son nègre ou le bon Mazarin,
Foutit sans cesse et sabla de bon vin.
On l'imita, ce jeu sembla commode ;
Tout l'Opéra bientôt en prit la mode,
Eut des milords, de jeunes greluchons,
De vieux amants, d'aimables papillons.
Guimart, Pélin, adoptant la méthode,
De financiers, de manants à dos ronds,
Firent argent de leurs culs, de leurs cons,
Mirent sous presse une foule imbécile,
Taxant bien cher tous les sots de la ville,
Jaloux d'atteindre à leurs flasques tétons.
On vit soudain les acteurs, les actrices
Se soulager dans d'utiles coulisses,
D'énormes flots de foutre répandu,
Vestris (1) prêtant et le con et le cul,
Des vits branlés pendant les intermèdes,
Mille Lédas, autant de Ganymèdes,
Foutant, foutus, contentant leurs désirs,
Entrelacés, se pâmant de plaisirs,
Bordel royal, distingué, chromatique,
Sérail mouvant aux sons de la musique,
Vivant le jour d'assez loyaux produits,

(1) Une des premières danseuses de l'Opéra de Paris, connue par sa lubricité, surtout par sa complaisance à livrer l'endroit et l'envers ; une Italienne perd rarement le goût du terroir.

Faisant valoir l'obscurité des nuits,
L'Opéra fut une brillante arène
Où la putain produisit sur la scène
Tout à la fois ses talents, ses faveurs,
Livra la guerre aux bourses plus qu'aux cœurs,
Et se fit voir également humaine
Pour les payants et pour les bons fouteurs.
Sur le patron de ces braves déesses,
On vit un peu se mouler les duchesses,
Prendre leurs airs, leurs modes, leurs propos,
Se bastinguer pour de vaillants assauts,
De l'intérêt prêcher la controverse,
Faire à plaisir un ruineux commerce,
Payer leurs gens, pour lasser leurs gros vits,
Plus longs, plus durs que ceux de leurs maris.
Ainsi, bientôt, par un accord étrange,
De cons, de vits se fit un doux échange ;
Paisiblement, sans tracas, sans regrets,
Le grand seigneur remit à ses valets
Le soin d'aimer, de foutre son épouse ;
Et sa moitié, facile et point jalouse,
Courant gaîment passer en d'autres bras,
A ses laquais déduisit ses appas ;
Se défaisant de préjugés frivoles,
Se fit monter par de vigoureux drôles,
A ses vapeurs donnant, pour esculapes,
Des vits d'airain, de monstrueux priapes,
Tandis qu'aux cons de putains du bel air,
Son sieur et maître, épuisant sa poitrine,
Usant son bout et sa rare origine,
Fut mériter les tourments de l'enfer,

Cueillir les fruits de la Cacomonade,
Le noir venin qu'inventa Lucifer,
Ne sachant plus, dans sa noire boutade,
Comment pourrir le genre humain malade.
Ce fut ainsi, qu'en dépit du caquet,
Des froids lazzis du public perroquet,
Jetant au loin une enfantine honte,
Voulant jouir, à la hâte, à grand compte,
La Polignac (1) casernait à Pantin
Douze bouchers, égayait son destin,
Bornant au lit sa carrière lubrique,
Sur l'estomac s'appliquant pour topique
De ses relais, les vits, raides, dispos,
Faisant la chouette à ses douze héros.
A l'héroïne, aimables foutromanes,
Offrez des fleurs, tressez-lui des lauriers,
Donnez la chasse aux cagots, aux profanes,
Aux vits mollets, aux timides guerriers.
Sur son tombeau, d'une voix pathétique,
Chantez en chœur pour immortel cantique :
De Polignac, des Fouteurs, des Putains,
Vivent toujours la gloire et les destins!

(1) La renommée de cette vicomtesse égala justement celle de la femme de l'empereur Claude, et la Messaline française parut même surpasser la romaine.

CHANT SECOND

A quatorze ans, que les cons ont de charmes !
Que les tétons naissants offrent d'attraits !
Qu'un vit est dur dans ses premières armes !
Toujours bandant, ne reculant jamais !
Jeunes fouteurs, des fouteuses novices
S'en vont cueillant les divines prémices,
Et partageant le printemps de leurs jours
Entre les jeux, les ris et les amours,
Suivent gaîment les lois de la folie,
Sont assidus à la foutromanie,
La nuit, le jour, affrontent les saisons,
Dans les frimas, sur de tendres gazons,
Entre les bras de joyeuses victimes
Se font heureux ; seraient-ce là des crimes ?
Les confesseurs, gens ennuyeux et sots,
Branlant leurs vits au récit des assauts,
Des beaux exploits des modernes Hercules,
Veulent en vain, armés de cent scrupules,
Les effrayer par les hideux tableaux
D'un chaud enfer, d'un triste purgatoire,
Les allécher par l'éternelle gloire ;
Quiconque fout, se rit de l'avenir,
Brave les cieux, ne songe qu'au plaisir.

Un jeune con, bien placé, sain, agile,
En poils, en foutre, en mouvements fertile,
De blancs tétons, provoquant le désir,
Persuadent mieux qu'un vieux bouc à sandale
Qui, dans sa niche attaché par loïsir,
Vous fait des dieux une image infernale,
Les peint cruels, ennemis des amours,
Des verts fouteurs épiant tous les tours,
Pour les punir, les plonge dans l'abîme.
Moi, foutromane ingambe et peu sublime,
J'aime à penser qu'en employant mes jours
A pulluler, je ne fais aucun crime :
Que Jupiter, trop bon, trop magnanime,
Trop affairé pour compter avec moi,
Sur mon esprit pour régner par l'effroi,
Me saura gré qu'en ces flasques aimables,
Mon vit fécond produise mes semblables,
Qu'à coups de cul je peuple l'univers,
Que je me livre à d'utiles travers.
Dans tous tes sens l'adorable tendresse,
Communiquant ses feux et son ivresse,
Te fait bander pour un objet charmant,
Le con au vit présente son aimant....
Naissant fouteur, aux séducteurs atomes
Va t'accrocher, cours produire des hommes ;
Fidèle au con, qui forgea ton destin,
Vole acquitter ta dette au genre humain,
Fêter le temple où tu pris origine,
Multiplier l'image de Jupin.
Vois ces beaux yeux, cette bouche enfantine ;
Quels doux souris! quels regards, quelles dents!

Un front étroit, une œillade mutine,
Sourcils arqués, cheveux noirs et pendants !
Deux blocs d'albâtre ornant cette poitrine,
Sont suspendus sur la forêt voisine,
Qu'un doux ruisseau traverse dans son cours,
Bois enchanté où nichent les amours !
L'amorce prend, pressé par la nature,
Par les attraits d'une heureuse figure,
Le foutromane en ses jeunes ardeurs
Court immoler à mille appas vainqueurs,
Goûter les biens de l'aimable luxure,
Plonger son vit dans un bosquet de fleurs.
Son coup d'essai de volupté l'enivre,
D'un vain effroi pour toujours le délivre,
Le fait sur l'heure entrer en paradis,
De Mahomet lui dépeint les houris,
Et l'initie au vrai bonheur de l'homme.
Son directeur, le père Chrysostome (1),
En fait autant ; à couillons rabattus,
Pour blonde et brune, en prêchant les vertus,
Renonce enfin à se branler la pique,
Envers les cons braque sa rhétorique,
Sert sa servante en modeste chrétien,
Et vous l'engrosse en brave citoyen.
Après avoir foutu comme un apôtre,
Le drôle va crachant son patenôtre (2),

(1) Les carmes ont toujours eu de la réputation et tenu un rang distingué dans la foutromanie !

(2) Machiavel dit, dans son *Traité du Prince*, que les États ne se gouvernent pas le chapelet à la main ; le père Chrysostome prétend de même que le monde ne se peuple pas en récitant le bréviaire.

Le vit pendant, célébrer l'Éternel ;
Mais quand il bande, il pense comme un autre :
Thermomètre haut, il agit en mortel.
« Que faites-vous ? disait-il à Fanchon ;
» A vous gratter vous usez votre adresse,
» Vos doigts, le temps ; vous servez le démon ;
» Foutre à grands coups soulage la tendresse,
» C'est œuvre pie ; un gros vit dans le con
» Fait du plaisir, entretient la sagesse ;
» Voici le mien : prenez ce saucisson. »
Au même instant, le béni foutromane
Lève les yeux, le vit et la soutane,
De sa culotte exhibe un long engin,
Membre de moine, exorbitant boudin,
Un plût à Dieu d'une grosseur énorme.
Fanchon rougit à l'aspect de la forme ;
A la rougeur succède le désir,
Elle l'empoigne, et, brûlant de plaisir,
Les yeux ardents, l'âme à demi pâmée,
Dans son pertuis le fourre sans délais,
Tant il est doux de croire d'être aimée !
Tant les couillons d'un *Pater* ont d'attraits ;
Plus insolent, plus glorieux qu'un doge,
Qu'un président vêtu de l'épitoge,
Le moine fout trois coups sans débander,
Et de l'étui le ribaud ne déloge,
Qu'après avoir fini par inonder
Le con foutu d'un déluge de sperme ;
Encor sort-il, aussi raide, aussi ferme,
En déconnant, qu'avant de débrider.
Ah ! parlez-nous de gros vits de la sorte !

Car, se servir de froids godemichets,
Ou de prier qu'on décharge à la porte,
C'est ne goûter que plaisirs imparfaits.
Que je les plains, ces nonnains, ces fillettes,
Du célibat victimes incomplètes,
Qui, n'osant foutre, à la ruse ont recours,
Aux branlements, pour calmer leurs amours !
Dont la jeunesse en préjugés s'exhale,
En faux devoir, en décence fatale,
En vains soupirs, en funestes tourments,
Sans avoir pu se livrer aux amants !
Sœur Rosalie et sœur Bénédictine,
De gros navets usent tous les matins,
Faute de vits, fatiguent leurs vagins
A tour de bras, au retour de matine,
Du tendre amour fraudent les plus beaux droits,
Féminisant des anges dans des niches,
Pompant le lait de Priapes postiches,
Par-dessus tout redoutant les neuf mois.
Un vitrier, un jeune foutromane,
Entreprenant, amoureux, un peu crâne,
Pour Rosalie éprouvant des désirs,
Escalada, d'une échelle profane,
Les murs sacrés où logaient ses plaisirs.
Près la nonnain, dans sa courte cellule,
Le jeune gars s'escrimait en hercule,
Depuis trois jours ne quittant point les draps,
De son tendron fourbissait les appas ;
Lorsqu'une sœur, indiscrète, importune,
Du couple heureux divulgua la fortune,
Troubla la fête, en exigeant sa part.

On se rassemble en la chambre commune,
Et, conseil pris, bénissant le hasard
Qui dans le cloître indroduisit le drôle,
Chaque nonnain vous le tire à l'écart,
S'en fait gaîment donner à tour de rôle,
Croyant trouver quelque frère Frappart,
Tournant toujours l'aiguille à la boussole.
Las d'enfourner son vaisseau dans le port,
Le pèlerin, harassé, presque mort,
De ces saints cons en contentant l'envie,
Dans ses efforts pensa perdre la vie,
Sur un châlit resta perclus, défait,
De l'impuissance essuya tout l'effet,
Et ne sortit des bras de ces sirènes
Que n'ayant plus de foutre dans les veines.
Le ciel nous garde, en son triste courroux,
De l'appétit de ces cons qui pâtissent
Des ans entiers, qui sottement languissent,
Se retranchant les plaisirs les plus doux ;
Qui, travaillés de vapeurs hystériques,
De bâillements, d'une affreuse langueur,
Dupes, martyrs de carêmes physiques,
D'un trop long jeûne ont souffert la rigueur !
Sur le beau front de la tendre Clarisse,
Dans tout son teint s'est glissé la pâleur !
Un mal secret, une active jaunisse
Trahit ses sens, son besoin, sa douleur.
Dans ses accès, de son doigt elle s'aide,
Et dépérit sous ce triste secours,
Qui la détruit et flétrit ses beaux jours.
Pour la guérir il n'est qu'un seul remède :

Qu'elle choisisse un gros vit, long et raide,
Et, se livrant à de réels amours,
Qu'elle partage avec son foutromane
Tous les plaisirs que la célèbre Jeanne
Pudiquement avec le Grisbourdon,
Dunois, Chandos, le muletier et l'âne,
Goûta cent fois, se démenant du con ;
Car d'Orléans la pucelle héroïque
Ne souffrait pas qu'on foutît en condom,
Que, lui fourrant un trompeur saucisson,
On la branlât. Pour la rendre lubrique,
Pour l'échauffer, la mettre en pâmoison,
Il lui fallait de gros vits et des couilles
Qui, dans son four avec nerf s'allumant,
D'un foutre aimé laissassent les dépouilles,
Pour soulager son clitoris brûlant.
Avoir recours à de vains artifices,
Au triste *index*, à de froids branlotteurs,
Aux lèches-cons, aux vils gamahucheurs,
Ce sont, hélas ! passe-temps de novices,
Plaisirs tronqués, insipides erreurs,
Bizarres goûts, impuissantes ressources,
Des voluptés qui réveillent les sources,
Sans apaiser de funestes soupirs,
Sans contenter d'impérieux désirs.
Pourquoi vouloir par la froide imposture,
Par un art faux remplacer la nature ?
Elle triomphe, elle dicte des lois,
Sur tous les cœurs lève de justes droits ;
Du bougre hideux, du pervers socratique,
Elle condamne et trompe les efforts,

Voit à regret la tribade lubrique,
D'un même sexe amante antiphysique,
Con contre con, dans d'étrange efforts,
Se consumer et détruire son corps.
Pauvres plaisirs que vont goûter ces femmes,
Bravant les vits, faisant les esprits forts,
S'abandonnant à des penchants infâmes,
Se brandouillant, s'usant en sots ébats,
D'un vit factice éprouvant les combats,
Des camps d'amour transfuges infidèles,
Beautés sans cœur, Ganymèdes femelles,
Qui, tour à tour, agentes et plastrons,
Sans sel, sans nerf, vont se grattant les cons,
Se pavanant de leurs actes rebelles
Contre les vits, de leurs propres affronts !
Non, ce n'est point pour ce fatal usage
Que Prométhée arma le genre humain
De cons, de vits fabriqués de sa main.
Le Créateur veut un utile hommage !
Fourbir les cons, des vits est le destin,
Le seul emploi légitime et certain ;
Prêter aux vits un vase humble et fertile,
Tel est des cons le sort peu difficile,
Ce seul système est sûr, quoique peu neuf :
Depuis Adam jusqu'au vieux duc dElbœuf,
On ne foutit qu'en cons, sans tricherie.
Le ton changea ; goûtant la bougrerie,
On déserta l'inhumaine beauté ;
· Au trou du cul cherchant la volupté,
On se plongea dans un cloaque obscène,
Et les fouteurs, en variant la scène,

Pour prix amer de l'infidélité,
En *impromptu* perdirent leur santé.
Dois-je me plaindre en mon affreuse peine,
Des culs, des cons pompant l'impureté,
Si le virus a passé dans mes veines,
D'un poison lent si je suis infecté?
De la vérole évitant l'origine,
Les cons pourris, les dangereux vagins,
Dois-je, en retour, gagner la cristalline,
Joindre les maux des sales Africains
Aux dons cuisants des funestes putains?
Dieu créateur, père de toute chose,
Faut-il au con lorsque mon vit je pose,
Qu'en tremblottant je dérouille mon coup,
Que je recueille et l'épine et la rose,
Que mon vit, hors de la gueule du loup,
Pour fruits cruels d'un plaisir adorable,
Pleure sans fin, et d'un fiel détestable
Dans mes *artus* voiturant le levain,
Couve des fleurs dont, au sortir de table,
Jadis Vénus fit présent à Vulcain?
Au con tout neuf, soi-disant presque vierge,
D'une beauté que tourmentaient seize ans,
Fier de son sort, la perle des amants,
Le jeune Alain court opposer son cierge.
Bon, se dit-il, au moins dans ces ébats,
Je ne crains point les risques des combats:
La belle est jeune, elle doit être sûre...
Entre ses bras, trois fois de la nature
Il a goûté les plaisirs les plus doux;
Trois fois sentant chanceler ses genoux,

Il a versé la liqueur la plus pure, .
Du jeune con arrosé les parois.
De son bonheur plus épris que cent rois,
Content, joyeux de sa belle capture,
De son début dans l'art de la luxure,
D'avoir fêté des appas aussi frais,
Il se croit franc de tous cuisants effets,
Le con d'Alain était l'unique idole.
Jeune, paillard, libertin, vigoureux,
Au fond du cœur il se foutait des dieux,
Mais humblement respectait la vérole,
Fuyait les cons malades, empestés,
Se préservait des fillettes suspectes,
N'ayant encor, dans ses jeux médités,
Jamais connu les misères infectes,
Noirs reliquats des douces voluptés.
Ce fut ici qu'il en fit connaissance,
Que dans son sang les malignes vapeurs
Firent passer les cuissons, les douleurs.
De tous ses os la vérolique essence
Corrompt le suc, Alain perd ses couleurs,
Fait en pissant des grimaces de diable,
Maudit le con impur, abominable,
Qui, dès seize ans, empoisonne les fleurs,
Et fait aux vits verser de tristes pleurs.

CHANT TROISIÈME

Les dieux sont bons plus qu'ils ne sont terribles !
Aux maux de l'homme ils se montrent sensibles,
Et leur soleil d'un rayon bienfaisant
Chauffe à la fois le juste et le méchant !
Tout se balance, et l'aimable nature,
En tolérant dans le cadavre humain
Que la vérole importe son venin,
Pour la détruire inventa le mercure.
Remèdes vains contre la masse impure
D'un sang brûlé, les faibles végétaux
N'en pouvaient plus épurer les canaux.
Il leur fallait un puissant phlogistique
Qui balayât l'urètre dans son cours,
Qui, poursuivant le mal dans ses détours,
Rendit le ton à l'ordre équilibrique,
Au sang glacé redonnât la chaleur,
Et fît fluer la trop épaisse humeur.
Saint Côme vint , son creuset salutaire,
En un clin d'œil, régénéra la terre,
Fit des corps neufs, répara les humains.
Les cons, les vits, désormais rendus saints,
Furent munis d'une vertu nouvelle.
Par les talents de la docte séquelle,

Du froid virus les progrès assassins
Sont arrêtés dans leur marche rapide.
Sans nuls soucis, le fouteur intrépide
Peut à jamais braver tous les vagins,
Foutre, sans choix, la duchesse et l'actrice,
Et mettre au pair la garce et la novice.
A-t-il d'un con putride et peu discret
Par le piston pompé les molécules,
Il se tisane, avale des pilules :
En peu de jours, du virus c'en est fait ;
Il ne perd rien de sa force première,
Et peut soudain rentrer dans la carrière,
Se disposer à des combats nouveaux,
En bon fouteur reprendre ses travaux,
De cent toisons hasarder la conquête,
Sans voir flétrir les lauriers sur sa tête.
Dieux ! que d'abbés, ministres et prélats,
Bravant sans peur l'auguste casserole,
Indépendants du joug de la vérole,
Grâce à saint Côme, ont moissonné d'appas !
Près M......, agréable prêtresse
Du dieu d'amour, regardez Montazet (1)
Faisant le jeune et poussant son bidet.
De vingt rivaux la galante duchesse
A pondéré les vœux et le caquet ;
Mais, pour l'église ajustant son toupet,
A l'archevêque elle a donné la pomme,
Rit du prélat et chérit l'aimable homme,
L'épicurien sous l'habit prestolet.

(1) L'archevêque de Lyon.

La Montesson suit ce brillant exemple :
A d'Orléans elle livre son temple,
En fait son dieu, l'aime de tout son cœur,
De tous ses sens adore son vainqueur,
Et n'a pas tort; car il en vaut la peine.
Si l'on en croit le public enfantin,
De leur amour pour resserrer la chaîne,
Ils sont unis par un nœud clandestin.
Pour moi, j'en doute : à quoi bon l'hyménée,
Secret ou non, quand on s'aime vraiment,
Lorsque l'amour guide la destinée
D'un couple heureux, sans contrat, sans serment ?
Vénus française, adorable princesse,
Qui, des plaisirs chérissant trop l'ivresse,
Vécûtes peu, pour avoir trop foutu,
Qui dans l'amour plaçâtes la vertu,
Belle B...., qui, semblable à l'aurore,
Réunissez les vœux de l'univers,
Ressuscitez, prenez place en mes vers.
Vous n'êtes plus, et l'on vous aime encore,
Dans tout Paris on vante vos travers,
Votre beauté, vos lubriques caprices,
Les doux présents, les vertes chaudes-pisses
Qu'en vous foutant, le beau l'Aigle et Melfort
Prirent tous deux, n'en voulant point au sort
D'avoir gagné de légers bénéfices,
Pour posséder un si rare trésor.
Que de beaux ans, depuis vingt jusqu'à trente !
Tous les instants d'une ferme santé
Sont des tributs dus à la volupté.
Loin des tourments de l'ennuyeuse attente,

8

Tout est plaisir pour l'amant et l'amante,
Les sens charmés font l'ivresse du cœur,
Nous leur devons le physique bonheur.
Car, les plaisirs, les biens imaginaires
Sont des zéros, de menteuses chimères,
J'ai beau guinder mon esprit aux amours,
D'une beauté me peindre les contours,
Me la tracer et parfaite et naïve,
Sur ses appas, sur ses charmes secrets,
Faire trotter mon imaginative,
De ses talents m'exagérer les traits,
Que m'en vient-il ? Soupirant, en viédase,
Pour un fantôme, une belle en tableau,
Dupe sans fin de ma brillante extase,
Le bec ouvert, je croque le marmot.
Bien fou qui va, d'un amour platonique,
De longs soupirs accueillant les objets,
En Espagnol se morfondre aux aguets,
Guitare en main, courtiser en musique,
Genoux pliés, contempler des attraits
Qu'on lui refuse, et qu'il n'aura jamais.
Le sot métier ! Pour Vénus elle-même,
Pour la beauté ceinte du diadème,
Point ne voudrais du rôle d'attentif,
De soupirant, d'amant contemplatif.
Il m'en souvient, pendant toute une année,
D'avoir langui pour un tendron charmant,
Qui, sans pitié pour mon cruel tourment,
En fier vainqueur, me tint haut la dragée.
Jouer de l'œil, écrire des billets,
Faire l'aveu d'une ardeur réciproque,

Me paraissait un destin équivoque.
Las, ennuyé de former des souhaits,
Du tendre amour d'attendre les bienfaits,
J'abandonnai ma trop lente princesse,
Et fus au con d'une prompte drôlesse,
Des cons d'État oublier les hauteurs,
Me délasser d'insipides rigueurs,
Donner de l'air à ma couille brûlante,
Ingurgiter mon vit dans cette fente
Dont Jupiter, les bergers et les rois
Sont tous forcés de recevoir les lois.
Voilà le but de tout bon foutromane ;
La pique en l'air, s'acheminer au fait,
Des biens réels se procurer l'effet.
Du plaisir seul le vrai bonheur émane :
Le différer, c'est être son bourreau,
C'est mal user de l'âge le plus beau.
Jeune homme, fuis, dans ta course sublime,
D'être jamais coupable d'un tel crime.
De tes délais veux-tu bien te guérir ?
Voyage en France, apprends l'art de jouir ;
Vois en amour comme chacun s'escrime,
Comme on y suit la route du plaisir !
Si l'Opéra ni les deux Comédies
Ne t'offrent rien qui flatte ton désir,
Tu trouveras mille et mille Uranies,
A tout mortel accordant des secours,
Et présentant de faciles amours.
Veux-tu jouir avec délicatesse,
A la débauche allier la tendresse ?
Vole à Marly, le beau jour d'un salon ;

Tu charmeras quelque brave duchesse;
Femme de cour, prêtresse de bon ton ;
Tu fileras le parfait avec elle,
Pendant une heure, et bientôt la dondon
Te livrera sa chaude citadelle.
Mais que ton vit, pour attaquer la belle,
Soit bien monté : car la dame en son con
N'admit jamais que des vits à la Suisse,
De gros calibre, et foutant sans raison.
Que l'az' la foute, et que Dieu la bénisse !
Elle fait fi des Priapes de cour,
Des vits communs elle se bat la cuisse,
Ne craint rien tant, après la chaude-pisse,
Que le contact ou l'aspect d'un vit court.
Surtout prends garde, en bricolant la dame,
De n'aller pas la rater un beau jour :
C'en serait fait de ton corps, de ton âme ;
La gaupe entend qu'on partage sa flamme,
Que l'on réponde à son ardent amour,
Que l'on décharge alors qu'elle se pâme,
Que l'on travaille ensemble et tour à tour.
Ami, crois-moi, cette vaillante école
Vaut bien autant que les champs d'un bordel.
Tu peux y ceindre un laurier immortel,
Y mériter, y gagner la vérole.
Ah ! qu'il est beau de gâter sa santé,
De se pourrir en bonne compagnie,
Mulet servant d'une noble Émilie,
De fêtoyer un con de qualité !
On peut de là, d'une course légère,
Faire la cour à quelque financière,

Endoctriner la femme d'un bourgeois,
D'un gros banquier, de quelque homme de lois,
Sur le toupet d'un cocu débonnaire,
Accumuler un magasin de bois,
A sa moitié démontrer la manière
De foutre sec, de jouir de ses droits.
Eh! voilà comme il faut passer sa vie,
Faisant sans choix du bien à son prochain,
De ses voisins caressant la folie,
De la beauté satisfaisant l'envie,
A ses désirs se montrant fort humain!
Ainsi soit-il : car braver les caprices
D'un sexe ardent, lui montrer des froideurs,
Lui refuser de longs et lourds services,
C'est encourir de fâcheuses humeurs.
Que faire alors? où porter ses hommages?
Faut-il, longeant de putrides rivages,
Trahir les gens, assassiner les culs,
Malgré l'odeur, fourgonner les anus?
Cas erronés! péchés contre nature!
Coups de Sodome! excès de la luxure!
Qui, tôt ou tard engendrent le virus,
Et de l'enfer provoquent la brûlure
Sur les destins des fouteurs, des foutus.
Et puis voyez la chétive figure
Que font ici les bougres reconnus!
On les persiffle, on les fuit, on les chasse.
Les plaindra-t-on dans leur juste disgrâce,
Quand Beaufremont, au scandale des cons,
D'un roi puissant méprisant les leçons,
Ose, à Versaille, en pleine galerie,

Pour un Cent-Suisse allumant ses tisons,
Lui proposer un fait de bougrerie !
Doit-on gémir s'il manque les cordons,
Si des fouteurs la cohorte chérie,
Lui coupe l'herbe et saisit les fleurons ?
Les cons, en cour, mènent droit au salut :
C'est du bonheur la sûre sauvegarde.
Fouteur prudent, n'allez pas, pour début,
Narguer le con, et, célébrant le cul,
Près du *coccyx* travailler la moutarde.
Si quelquefois votre priape en rut,
Par goût pervers, par essai, par mégarde,
Va se nichant dans le four d'un chétien,
N'en faites pas une triste habitude,
Bien vite au con rentrez par gratitude.
Quoique paillard, soyez homme de bien.
Souvenez-vous qu'au vieux temps des miracles,
Les cons permis et les culs prohibés
Eurent leur règne en différents spectacles :
Pour les cons seuls que les vits exhibés,
De se fourrer dans un réduit fétide
N'eurent jamais le caprice maudit,
Et qu'Augustin, pénitent insipide,
D'avoir au con cent fois posé son vit,
Dans ses remords, point ne se repentit.
Son seul regret fut d'avoir, par méprise,
En malotru, perforé la chemise
Et le secret d'un jeune sacristain.
Or, sans ce cas, jamais la mère Église,
Sur le retour, ne l'eût déclaré saint.
Ce fut ainsi, qu'autrefois Madeleine

En bien aimant, mit fin à ses douleurs.
La pauvre garce était vraiment en peine,
Cheveux épars, ne versait que des pleurs,
Dans tout son corps souffrait de la vérole :
Un regard doux, un mot vous la console,
Lui fait soudain oublier ses malheurs,
Vous la guérit, lui sert de casserole.
Son cœur épris sent d'étranges ardeurs,
Pour l'homme-Dieu (1) la drôlesse soupire,
Et désormais l'impudente n'aspire
Qu'au vit divin qui cause ses chaleurs.
Vous m'entendez, aimables foutromanes?
L'exemple est sûr ; on n'en peut de meilleurs ?
C'est par l'amour que l'on cueille les fleurs,
Point de ces fleurs albâtres et profanes
Qui font pâtir, réduisent aux tisanes,
Et dans les sens insèrent les langueurs :
Mais les plaisirs des cieux et de la terre.
Car les regrets ne sont que vrais bourreaux ;
Aux sots vivants ils creusent des tombeaux,
Du vain scrupule étendent l'hémisphère,
Livrent au cœur une éternelle guerre,
Doublant toujours la masse de nos maux.

(1) Mon confrère Voltaire et mon maître, comme celui
de bien d'autres, a fort élégamment dit dans sa *Pucelle*, en
parlant des amours du Saint-Esprit avec la Vierge ;

Joseph Panther et la brune Marie,
En badinant, firent cette œuvre pie :
A son mari la belle dit adieu,
Puis accoucha d'un bâtard qui fut Dieu.

Cent fois heureux ces mortels sans richesse,
Qui, dégagés de toute ambition,
Courent goûter sans feinte la tendresse,
Dont le désir ne se bute qu'au con !
C'est le vrai bien, c'est l'unique sagesse,
De savoir fuir d'insipides trésors,
Inanimés, suivis de la tristesse,
De se livrer à d'aimables transports,
De savouer les contours d'un beau corps,
En essayer les diverses postures,
Et, de Plutus méprisant les injures,
Se rendre heureux par ses propres efforts !
Tu nous appris, par d'exquises peintures,
Par tes tableaux, immortel Arétin,
Le vit au con, à braver le destin,
A célébrer, sous toutes les figures,
D'un joli con les célestes attraits ;
Tu nous peignis sous d'ingénieux traits
L'aspect divers de toutes les luxures !
Reconnaissant d'aussi tendres bienfaits,
Le genre humain te doit l'apothéose.
Près de Vénus que ta cendre repose !
A la servir tu consacras tes jours ;
Que tous les cons et les vits, de guirlandes
Sur tes autels déposant les offrandes,
A qui mieux mieux exécutant tes tours,
Dansent entre eux de chaudes sarabandes,
Et par ton ordre enchaînent les amours !

CHANT QUATRIÈME

De l'Opéra j'ai chanté les prêtresses,
Les déités, les Vénus de Paris,
Ces doux objets, dont les badauds épris
Vont chèrement acheter les tendresses,
Aux plus vils cons mettant le plus haut prix.
J'ai célébré mesdames les duchesses,
De leurs amours les grossiers appétits,
Leurs grands talents, leurs prudentes largesses,
Et de tous temps leur goût pour les gros vits.
Ami lecteur, il faut changer la scène,
Dans les bordels transporter mes tréteaux,
Te crayonner les lubriques tableaux
Des bords heureux où serpente la Seine,
Des verts fouteurs les assidus travaux,
Les doux exploits de plus d'une sirène,
Qui dans ses bras épuisa maints ribauds.
Pâris, Carlier, maquerelles insignes,
Vous, Bokingston, Montigny, d'Héricourt,
Gourdan célèbre, où les gens les plus dignes
Vont déposer le rang, le manteau court,
Et sans contrainte immoler à l'amour,
Vous méritez qu'on vous immortalise.
Des préjugés méprisant la sottise,

Des inspecteurs bravant les yeux d'aspic,
Avec ardeur utiles au public,
Dans vos sérails vous sûtes rassembler
Le militaire, et la robe, et l'église,
L'épais bourgeois, le hautain financier,
Avec honneur vous fîtes le métier.
C'est de notre âge une des sept merveilles,
Que ces réduits où l'on peut, sans façons,
En un instant, se procurer des cons,
Pour peu d'argent, sans bayer aux corneilles
Sans soupirer, sans craindre les rigueurs
De ces beautés qui n'en veulent qu'aux cœurs!
Las, ennuyé d'avoir perdu mes veilles,
A des écrits ingrats et rebutants,
D'avoir ouï rabattre mes oreilles,
De cent propos tristes ou médisants.
Que faire, hélas! en grande compagnie?
Entendre encor gronder la calomnie;
Voir une prude étendre ses filets,
Me rabâcher les sentiments parfaits
Et me conter la sotte litanie
Des froids amours, des plaisirs du Marais!
Dans les panneaux des paillardes dévotes,
Bien sot qui va secouer ses culottes!
Moi, je prétends m'amuser sans languir,
Et sans ennui me livrer au plaisir.
J'entre à mon aise à l'école publique,
Où le talent de foutre est en pratique,
Où, sans prélude, on peut soudain jouir.
Trente putains, de cette république
Forment l'ensemble, et d'un air de gaîté,

D'un ton riant, m'offrent la volupté.
Leur art exquis réveille la nature,
Leurs yeux lascifs distillent la luxure,
Leurs mouvements, leurs discours, leurs chansons
Du tendre amour sont autant de leçons.
Heureux sultan, promenant mes caprices,
Pressant des mains les tétons et les cuisses,
Sondant à nu des dédales d'appas,
Je fais mon choix, sans craindre que la belle
A mes désirs ne se montre rebelle,
Qu'elle soit lente ou froide en ses ébats.
Suis-je bientôt dégoûté de la blonde?
Son travail mou produit-il la langueur?
La brune accourt, ranime mon ardeur,
A coups de cul, de foutre elle m'inonde,
Et de mes os soutire la liqueur.
Son poil fourni, sa chair solide et bise
Dans tous mes sens portent la paillardise.
Après six coups, m'accusant de froideur,
De forts bouillons, un vin vieux et robuste,
La poule au riz me rendent la vigueur,
Et derechef, dans ce con presque juste,
Le nerf tendu, le port brillant, auguste,
Mon vit mutin entre et fout en vainqueur.
Or, à présent, vantez-moi ces princesses,
Dans le coït affectant les déesses,
Prenant des airs, des ébats langoureux,
Et tristement faisant des sots heureux !
Des dignités suivant le mécanisme,
Aller au cul leur semble putanisme ;
C'est déroger que de foutre à grands coups,

De remuer lorsque l'on est dessous!
Foin du métier, tandis que je m'épuise,
Si, câlinant, par air ou par bêtise,
Dans nos travaux, une froide beauté,
Pompant les sucs de ma couille fertile,
Fout sans ardeur, comme par charité.
J'aime en amour le train de la canaille,
Et point les tons des gens de qualité.
Lorsque je fous, il faut qu'un con travaille,
Qu'il me seconde, et qu'avec volupté,
Dans son allure il soit leste et facile.
Car de lasser ses jarrets et ses reins,
A dérouiller le con d'une robine,
Qui ne demande à Dieu tous les matins
Que le bonheur de presser des engins,
Et cependant contrefait l'enfantine,
Quand on la fout à triple carillon,
C'est se plonger dans l'abîme d'un con.
Vous la verriez défendre son téton,
Comme à quinze ans une jeune pucelle,
Vous rebuter pour une bagatelle,
Pour un baiser, pour un mot polisson,
En minaudant, trancher de la cruelle.
Mais offrez-lui quelque gros saucisson,
Un vit de bronze, elle aime ce lardon :
Elle vous va livrer sa citadelle,
Les deux battants pour vous seront ouverts,
Et vous pourrez sur la froide haridelle
Faire expirer vos caprices divers.
A dire vrai, vous aurez à combattre
Tous les valets, qui la foutent par quatre,

Et qui, depuis environ dix-neuf ans,
Tous les neuf mois lui flanquent des enfants.
Encore, avant de vous ouvrir son gîte,
Son large con, écoutez l'hypocrite
Vous raconter ses grands traits de vertu,
Les noms sans fin d'amants mis au rebut
Qui vainement ont soupiré près d'elle.
A son époux, dans tous les temps fidèle,
C'est pour vous seul qu'elle ose le tromper.
Guettez deux jours la prude tourterelle,
En d'autres bras vous saurez l'attraper.
C'est l'aumônier, le cocher ou le suisse,
Dont elle exige un fatigant service,
Des coups sans nombre, un lourd emploi du temps,
Que, tour à tour, elle met sur les dents.
Si, par destin, on doit avec la femme
Être trompé dans la plus vive flamme,
J'aime encor mieux en courir le hasard
Dans un bordel, où je compte sur l'art,
Sur le talent d'une jeune héroïne,
Qui, m'amusant et calmant mon désir,
A du moins l'air de goûter du plaisir.
Au sentiment mon âme libertine
Prétend très-peu, quand je fous la putain,
Et, de son bord, la lubrique drôlesse
N'ignore pas que mon transport est feint,
Que dans l'essor de ma fausse tendresse
A décharger vise toute l'adresse.
Aussi, bornant ses souples mouvements
A procurer du plaisir à mes sens,
Par la vitesse, en amour décisive,

Dans nos ébats elle se montre active,
Forge cent tours, s'agite du croupion,
Me fait goûter tous les plaisirs du con ;
Sur mon coccyx appuyant ses deux jambes,
Étroitement sur son sein me pressant,
Tirant parti d'attitudes ingambes,
Suivant le feu de son tempérament,
A gros bouillons dix fois son foutre coule ;
Son œil mourant exprime ses plaisirs.
Ainsi, passant de désirs en désirs,
Dans nos exploits bientôt la nuit s'écoule,
Et le soleil rend à peine le jour,
Qu'outre-passant les colonnes d'Hercule,
Mon vit monté de plus belle éjacule,
Prêt à mourir dans le temple d'amour.
A mes ardeurs, la nature commande,
Dans leur excès elle arrête mes feux,
Mon arc fléchit, il mollit, je débande,
Un doux sommeil vient me fermer les yeux.
Entre les bras de ma nymphe pâmée,
Entortillé d'un air voluptueux,
Je goûte en paix les présents de Morphée :
Mon corps refait n'est que plus vigoureux.
Au point du jour, la prudente matrone
Donne ses soins à notre déjeuné,
Et de l'amour nous ne quittons le trône
Qu'après avoir derechef engainé.
Dieux ! quels plaisirs ! que la vie est aimable,
Lorsque l'on fout, lorsque l'on tient un con !
Lorsque du lit on se rend à la table,
Et qu'on y vide un précieux flacon !

Près du bon vin et de la bonne chère,
Coulez vos jours, foutromanes prudents,
Bacchus, d'amour est le soutien, le père,
Son jus divin peut beaucoup sur les sens;
Retracez-vous ces aimables bacchantes,
Pleines de vin, de luxure et d'ardeurs,
Cours calmer leurs passions brûlantes,
La coupe en main, avec de bons fouteurs.
Tous les héros, tous les dieux de la Fable
Furent amis du lit et de la table;
Jupin lui-même, avant de prendre un con,
Court s'enivrer du nectar d'ambroisie :
Des dieux le maître à la pauvre Junon
Gratterait mal les sources de la vie,
Le ventre à jeun, raterait sa guenon.
Dans ses travaux, le valeureux Alcide,
L'estomac plein, cent monstres combattit;
Le beau Pâris, berger faible et timide,
Après soupé, son Hélène ravit.
Au nez des dieux en héros la foutit;
Et dans les bras de Vénus exigeante,
Le vit pendant, Adonis n'expira
Que pour avoir raté sa pauvre amante,
Faute d'avoir déjeuné ce jour-là.
De cet affront la déesse en colère,
Branlant son con, sur ses grands dieux jura
De ne jamais recevoir à Cythère
Aucun amant trop faible d'estomac.
Dans son dépit elle quitta la Grèce,
Ces lieux flétris, dignes de ses froideurs:
Dans l'Allemagne apportant sa tendresse,

Elle y chercha des ribauds bons buveurs.
Ah ! je vous tiens, mesdames les Germaines !
De votre amour pour les énormes vits,
Pour les fouteurs, je fus témoin jadis :
Point parmi vous n'existent d'inhumaines !
Aux vits bandants livrant soudain vos cons,
Vous vous rendez à de bonnes raisons.
Languir n'est pas dans votre caractère :
Vous ignorez l'art fâcheux de déplaire
Par des refus, ennemis des plaisirs,
De consumer le temps en vains soupirs,
Allant au fait, vous voulez qu'on enconne ;
Car, patiner est un jeu de niais,
Pour les trembleurs et pour les vits mollets.
J'aimais à voir une jeune baronne
A ses fouteurs, tous nobles et choisis,
Abandonner sa gentille personne,
Et froidement fatiguer tous leurs vits.
Aux grands honneurs voilà d'excellents titres,
Ce n'est point là dégrader ses quartiers ;
On peut après entrer dans tous chapitres,
Même en celui des braves cordeliers,
Et s'y couvrir de superbes lauriers.
Rien de meilleur, pour un gros vit qui bande,
Pour un ribaud, qu'une saine Allemande.
Dans son pertuis, qu'il entre sans frayeur,
Et s'il parvient à la mettre en humeur,
A l'échauffer, à la rendre friande,
La belle enfin, déposant sa hauteur
Et déployant ses solides attraits,
Lui fournira des plaisirs sans regrets.

Des bords fatals de la chaude Italie,
Des cons latins ne me parlez jamais.
Lieux empestés, séjour de perfidie,
De vos dangers j'éprouvai tous les traits.
Le vit bandant, la bourse bien garnie,
J'étais venu parcourir vos guérets ;
Sans deux écus, et la couille pourrie,
Je suis sorti de vos adroits filets.
Serrant le cul, en passant à Florence,
J'avais fraudé les taxes du pays :
Ingrat dans Rome à plus d'une éminence,
J'avais bravé les Priapes bénis
Et méprisé la facile assistance
De ces vieux cons, aux étrangers permis,
Qu'à trois ou quatre on fout par convenance.
Naples restait (1) : ce fut là mon écueil :
J'y fus pincé par un con de princesse.
Elle était belle, et du premier coup d'œil
Dans tout mon corps elle porta l'ivresse,
Le feu brûlant qu'on appelle tendresse.
Je l'adorais, elle s'en prévalut,
Mit à profit mon extrême faiblesse,
Tira de moi tout ce qu'elle voulut,
Prit mon argent, me donna la vérole ;
Mais d'un tel coin, si complet, si cossu,
Que dans trois mois la vaine casserole
Ne put me rendre un embonpoint perdu.
Mal circoncis par la pierre infernale,
On eut recours au tranchant bistouri,

(1) Le proverbe italien dit : Veder Napoli, poi morir.

9

Et, sous les murs de la maison papale,
On m'enleva la moitié de mon vit.
Ainsi, jadis les funestes Latines,
Sales beautés, infectes libertines,
Aux Africains, aux soldats d'Annibal,
Pour seul cadeau donnèrent le gros mal,
Dont il advint que le vainqueur de Rome
Fut hors d'état de combattre en grand homme.
Çà ! mes amis, puisqu'un grand général
N'en put sortir sans quelque condylome,
Sans noir virus, fuyez l'endroit fatal
Où la vérole autrefois prit sa source.
Napolitains, desséchez-moi la bourse ;
Mais, en m'offrant la douce volupté,
N'infectez pas ma robuste santé
De tous les maux que procure Cythère.
Vivent, ma foi! la France, l'Angleterre
Et la Hollande! Aux bagnaux, aux bordels,
Aux musicos, on peut foutre en tonnerre,
Sans y gagner les maux longs et cruels,
Tant redoutés des lubriques mortels,
Fatal fléau qui désole la terre !

CHANT CINQUIÈME

Si je voulais dépeindre la vérole,
De ses tourments tracer un vrai tableau,
Sans traits chargés, sans futile hyperbole,
De Cupidon déchirant le bandeau,
Jeunes fouteurs, effrayés du tombeau,
Des doux plaisirs abandonnant l'idole,
On vous verrait renoncer aux amours,
Et dans l'ennui couler de tristes jours.
Rassurez-vous : que l'espoir vous console ;
Il est encor d'adorables objets,
Solides, sains, retenus et discrets,
Qui, du virus ignorant les ravages,
En tous les temps méritent vos hommages.
Adorateurs de leurs divins attraits,
Courez jouir, sur de tendres rivages,
Du sentiment éprouver les effets
Et du retour recueillir les bienfaits.
L'esprit en paix, le corps sain et robuste,
Le cœur frappé des appas d'un beau buste,
Qu'il est flatteur de posséder le con,
Les charmes neufs d'une jeune tendron
Qu'on a séduite, et qui, loin de sa mère,
Reçoit d'amour une leçon première !

Figurez-vous un conin débutant,
Livré soudain aux assauts d'un amant,
Qui, l'attaquant avec une ardeur mâle,
D'un coup de cul s'y loge et le pourfend :
Leurs corps, unis d'une amitié brutale,
Chérissent moins les faciles appas,
Que le bonheur dont Vénus libérale
Comble les cœurs sensibles, délicats.
Les enivrant d'une tendresse égale,
La volupté s'empare de leurs sens,
Et les retient dans ces nœuds séduisants;
Jusques aux cieux le plaisir les transporte;
Ils sont heureux, sans art, sans trahison ;
Dans leurs écarts, s'ils perdent la raison,
Vénus les guide, et l'Amour les escorte.
Pour le plaisir les cœurs humains sont faits,
De cet aimant qui peut fuir les effets?
Voyez des grands la perfide cohorte,
Des jeunes cons éprouver les attraits,
Aux voluptés sans cesse ouvrir la porte,
De la beauté paraître les amis,
Servir l'amour en esclaves soumis.
Rois, généraux, conseillers et ministres,
Jeunes, vieillards, philosophes et cuistres,
Sont travaillés par les mêmes désirs,
D'un même pas tous courent aux plaisirs.
Du tendre amour le chemin est rapide,
Il est si doux de lui payer ses droits,
Tout y convie, et l'honneur insipide
Très rarement décide notre choix.
Quand Montesquieu brocha *l'Esprit des Lois*,

Il habitait dans le *Temple de Gnide :*
Et ce penseur, Rousseau le Génevois,
Sophiste habile, étrange misanthrope,
Dont les travers ont étonné l'Europe,
Contre l'amour, en travaillant des doigts,
En le lardant d'une vaine apostrophe,
Pour cent beautés vit lever son anchois.
L'ardent auteur des *Lettres d'Héloïse*
Des voluptés ne peut être ennemi ;
Sa plume brûle, on voit la paillardise
Se déceler dans son caustique écrit.
Eh ! qui ne sait que l'écrivain d'*Émile*
Pour sa servante éprouva de beaux feux,
Qu'imitateur des faiblesses d'Achille,
Sa Briséis le rendit amoureux ?
Errant tous deux de montagne en montagne,
Traînant partout sa soumise compagne,
Rousseau prouva qu'en l'amoureux assaut,
A bien compter, le sage n'est qu'un sot.
A le combler quand les plaisirs s'empressent,
La raison fuit, les motifs disparaissent,
Et, tout pesé, la vertu n'est qu'un mot, .
Qu'un masque usé dont personne n'est dupe.
De son plaisir chaque mortel s'occupe,
Met tout son art à parer son destin,
A se forger un sort doux et certain.
De Marmontel lisez le *Bélisaire,*
C'est un modèle, un chef-d'œuvre moral ;
Mais apprenez qu'il aima d'Aubeterre,
Qu'il fut fidèle au tribut animal.
Vive Dorat ! poète foutromane,

Ses vers heureux expriment ses désirs ;
Sans afficher une muse profane,
Il embellit le règne des plaisirs.
On voit qu'il suit partout son caractère,
Mettant en vers ce qu'il éprouve en lui,
Jugeant à froid les faiblesses d'autrui.
Nouvel Ovide, habitant de Cythère,
Il peint en maître et l'Amour et sa mère.
De sa Zélis, fraîche, sortant du bain,
J'aime à toiser la lubrique ceinture !
De sa Cloris l'admirable peinture
Me fait bander, j'ai le vit à la main.
En la voyant, j'adore la luxure
Qu'un peintre adroit, d'un pinceau libertin,
Sait crayonner, en traçant la nature.
Tous ces rimeurs, sublimes, ennuyeux,
Dont les romans en cinq actes pompeux,
Froids canevas de faits invraisemblables,
Peignent sans sel des amours pitoyables,
N'ont aucun droit à me toucher le cœur.
Et que m'importe un monarque, un vainqueur,
Encor fumant du sang de ses semblables,
Qui, tout bouffi, raconte avec froideur
Ses feux glacés, son orgueilleuse ardeur ?
D'un gros manant je préfère la flamme ;
J'y lis son cœur, j'y démêle son âme,
Ses sentiments sont d'un sincère aloi,
Et quand d'amour il reconnaît la loi,
C'est sans détour qu'il souscrit à son maître.
Il est vraiment tel qu'on le voit paraître :
N'use jamais d'un langage emprunté,

Fout avec nerf, aime avec vérité ;
De l'intérêt ignorant la puissance,
Le plaisir seul guide sa jouissance :
Son vit heureux ne craint aucun revers,
Dans son amante il voit tout l'univers,
Peuple marchand, intéressé, stupide,
Froid, monotone, impudemment avide,
Sots Hollandais, qui, prisant un trésor
Par-dessus tout, victimes de vos veilles,
Au sentiment refusant les oreilles,
Ne savez rien, et n'adorez que l'or,
Courez jouir : votre printemps s'écoule,
Le plaisir fuit, les maux naissent en foule,
Servez l'amour, goûtez-en les appas,
Et prévenez les horreurs du trépas.
Lorsque la Parque, à la marche rapide,
Aura tonné, que seront vos ducats ?
Traîner par goût une vie insipide,
Sans intervalle entre de longs travaux,
Sans se prescrire un temps pour le repos,
Du galérien c'est s'imposer la chaîne :
Dame fortune en son cortège traîne
Les noirs soucis, étouffe la gaîté ;
L'ambition éteint la volupté.
Triste Plutus, laborieux avare,
A qui les biens offrent seuls des appas,
A tes amis, à toi-même barbare,
Que fait ton or relégué dans des sacs ?
Veux-tu savoir quel est le bien suprême ?
Fais des heureux, sois fortuné toi-même,
Cherche un objet qui t'estime et qui t'aime,

Sois-en épris, sers-toi de tes écus,
Jouis, sinon tes biens sont superflus.
Ouvre les mains, fais valoir tes richesses,
Que tes amis éprouvent tes largesses :
D'une beauté que le sort maltraita
Fais le trousseau, sois prodigue, aime-la.
Je perds le temps à prêcher ma morale
A l'harpagon qui ne sait qu'entasser,
Et point jouir ; mais la Parque brutale,
Est à l'affût, et va le ramasser.
Jeune héritier du Crésus imbécile
Qui s'astreignit, dans un modique asile,
A se morfondre auprès de ses écus,
Avec son or acquiers quelques vertus ;
Vis noblement dans l'heureuse abondance,
Sois le soutien, l'ami de l'indigence :
Malgré tes biens, souviens-toi qu'un mortel
N'est distingué qu'à raison du mérite.
N'imite pas le fils de Montmartel,
Le sot Brunoi, ce semblant de lévite,
Qui de ses biens, par un zèle hypocrite,
Court enrichir et le prêtre et l'autel.
Voulait-il pas, dans sa sotte boutade,
Vers les lieux saints porter ses pas dévots,
Accompagné de cinquante autres sots.
Exécuter une folle croisade,
Et, pour beaux fruits de cette pasquinade,
En Palestine aller laisser ses os !
Cher foutromane, en ta veine comique,
Sois travaillé d'un tout autre désir ;
Lève plutôt un sérail magnifique,

Orne, construits des temples au plaisir !
Dans tes boudoirs galants, faits par les grâces,
Prodigue l'or, accumule les glaces,
Qui, mille fois répétant les objets,
De la beauté décèlent les attraits.
En des soupers où Cupidon préside,
Suis bonnement la nature pour guide ;
Des beaux esprits consulte les discours,
Et puis, remets ton destin aux amours ;
Vois les prélats, cette race prudente,
User du temps, éloigner toute attente,
Se réjouir, se forger d'heureux jours,
Et, pour mieux foutre, inventer cent détours.
Veux-tu t'instruire et bien connaître l'homme ?
Va calculer les cardinaux dans Rome.
Vois-les servir et les cons et les culs :
Tous sont fouteurs, ou bien ne bandent plus ;
Spinola fout la sale Palestrine ;
Albani frappe au vieux trou d'Alfiéri ;
Bernis, chargé d'esprit et de cuisine,
De Sainte-Croix gratte le con pourri.
Ultramontain dans la force du terme,
Bougre avéré, las d'injecter son sperme
Dans des conduits mille fois ramassés,
Disant qu'en con l'on fout trop à son aise ;
Priape en rut, le cardinal Borghèse
Cherche des culs les canaux empestés ;
Les *Monsignors*, impudente vermine,
Dont Rome abonde, ennuyeux prestolets,
Lâches gîtons, fouteurs à bas violets,
De la vérole et de la cristalline

Font magasin, avancent, vit bandant,
Aux dignités n'arrivent qu'en foutant.
De Pétersbourg l'aimable souveraine
Fout à gogo, suce ses chambellans,
Ses favoris, les charge de présents
Et de cordons, pourvu qu'ils soient bandants,
Que dans le lit ils la traitent en reine.
Partout ailleurs elle se montre humaine,
Douce, clémente, écoutant les raisons,
Pardonnant même aux noires trahisons;
Mais sur l'article elle est bonne Allemande;
Point de quartier, elle prétend qu'on bande,
Et qu'on la foute en dépit de la loi :
Foutez-la bien, demain vous serez roi.
Les froids du Nord, les neiges et les glaces
Aux doux plaisirs prêtent encor des grâces,
Des membres sains proscrivent la langueur,
Des vits mutins renforcent la vigueur.
Brandt, Struensée, innocentes victimes,
Qu'à la fureur d'un peuple audacieux
On immola pour de prétendus crimes,
Pour avoir fait plaisir à deux beaux yeux,
Eussiez-vous cru qu'en foutant Caroline,
De l'échafaud vous preniez le chemin,
Que du clergé l'assemblée assassine
Vous lancerait un décret inhumain ?
Danois cruel, ignorant et sauvage,
A la vertu croyais-tu rendre hommage,
En égorgeant deux fouteurs malheureux
Dont le savoir eût instruit tes neveux ?
Siècle de fer où de l'inconséquence,

De la sottise on chérit la puissance !
Tout porte à foutre, attise les désirs,
Un tendre objet vous invite aux plaisirs,
Puis il faudra mettre son vit en poche,
D'un con en rut essuyer la taloche,
Sans dire mot, sans répondre à son choix,
Du célibat gardant les dures lois !
Vouloir qu'un cœur soit toujours insensible,
C'est aux mortels demander l'impossible !
Que je vous plains, pauvres filles des rois,
Qui tous les jours rencontrez des hercules,
Et ne pouvez, par des lois ridicules,
Aux sens émus donner un libre cours,
Vous engager sous la loi des amours !
D'un savetier la facile héritière
Est plus heureuse, et peut de ses beaux jours
Fixer l'usage, égayer sa carrière,
Choisir des vits le plus gros, le plus long,
Sans s'épuiser à se branler le con.
Après avoir, dans le concubinage,
Tiré parti des amours de passage,
Fait maints essais de goûts bien différents,
D'un gros butor elle charme les sens,
Et le garrotte aux nœuds de l'hyménée.
Heureux manants ! canaille fortunée !
Connaissez mieux les biens de votre état,
Et n'allez plus envier au soldat
La liberté, la pénible victoire.
Libres de soin, d'ennuis et de désirs,
Peu curieux d'une frivole gloire
De mériter un feuillet dans l'histoire,

Vos jours obscurs sont tous pour les plaisirs !
Un pareil sort vaut mieux que la richesse,
Que les devoirs qu'exige la noblesse !
Je m'aime mieux roturier jouissant,
Que triste roi, que noble languissant.
Le con me plaît, il faut que je m'y plonge,
Que je courtise une fraîche beauté,
Dont l'œil mutin, symbole de santé,
Du tendre amour m'offre le doux mensonge,
Ou du retour l'aimable vérité.
Faire un cornard, endormir une mère,
D'un bel objet apaiser la rigueur,
Ami fouteur, c'est régner sur la terre,
C'est obtenir le suprême bonheur !
C'est égaler le maître du tonnerre !

CHANT SIXIÈME

Vive à jamais l'art sublime et divin
Qui des mortels prolonge le destin,
Leur fait couler des jours purs et tranquilles,
Qui du bonheur rend les sources fertiles,
Prodigue à l'homme, à force de travaux,
Des biens nombreux et dissipe ses maux!
Divinité, que l'univers implore,
A qui jadis les Grecs, dans Épidaure,
A deux genoux demandant la santé,
Offraient sans cesse un culte mérité;
Eclaire-moi des feux de ton génie,
Donne à mes vers cette douce harmonie
Qui des lecteurs décide le bon goût,
Qui sait charmer et triompher de tout;
Découvre-nous ta sage théorie,
De tes trésors l'immensité chérie,
De tes secours les merveilleux effets
Et tout le prix de tes puissants bienfaits!
Vous, dont le temps consacre la mémoire,
Qui jouissez de la flatteuse gloire
De soulager la faible humanité,
Par les efforts d'un savoir respecté,
Doctes humains, recevez mon hommage.

Puissent mes vers avoir votre suffrage,
Et conserver aux races à venir
De vos talents le brillant souvenir !
Agirony, praticien magnanime,
Dont l'élixir, découverte sublime,
Lave le sang, divise les humeurs,
Hâte le cours de la lymphe épaissie,
Répare à neuf l'urètre et la vessie,
Aux nerfs usés rend la force et la vie,
Soyez couvert de lauriers immortels !
Tous les fouteurs vous doivent des autels !
Jamais Kesser, à force de dragées,
N'a du virus pu chasser le levain ;
Le mal survit, les humeurs enflammées
Dans tout le sang voiturent le venin ;
En vain Danran, farfouillant un engin,
Vient follement y fourrer ses bougies !
Le feu s'accroît, les fibres affaiblies
Trompent l'effet d'un remède incertain.
Du corps humain altérant la structure,
Le sublimé, le dangereux mercure,
Sont des poisons autant que des secours,
Rendant les vits ineptes aux amours,
Et des fouteurs abrègent les beaux jours.
Les minéraux corrompent la nature,
Forçant le jeu des glandes salivaires,
S'insinuant par d'étranges sueurs,
Ils font bientôt de jeunes poitrinaires,
Des estomacs sont les sûrs destructeurs,
En peu d'instants dérangent l'existence,
Dès la jeunesse enfantent l'impuissance.

Lorsque l'amour dans vos brûlants canaux
Aura filtré le plus cuisant des maux,
Dans votre sang glissé ses eaux profanes,
Fuyez surtout, prévoyants foutromanes,
Des frictions l'emploi pernicieux.
Vous pourriez perdre, ou les dents, ou les yeux;
Dans les douleurs traîner des jours affreux,
Et, par les fruits d'une vérole atroce,
Périr, sans soins, dans un trépas précoce.
Maudit Colomb, tes voyages cruels,
Tes grands exploits dans la sale Amérique,
Pour tous présents, aux malheureux mortels,
Ont procuré la cause vérolique,
Leur en laissant des gages éternels !
Fatal écueil pour un vit intrépide !
Croyant entrer dans un con propre ou sain,
Il se fourvoie en un vagin putride,
Qui le salit et lui pourrit l'engin.
L'urètre cuit, le priape se dresse,
Pisse sans fin, éjacule sans cesse,
Chancres, porreaux naissent en un moment,
Et le prépuce, astieint autour du gland,
Ne permet plus que le vit décalotte.
Fût-on alors savant comme Hérodote,
Ou de Fréron eût-on le court esprit,
On est bien sot quand on souffre du vit,
Lorsque, forcé de répandre des larmes,
Des cons pourris on déteste les charmes !
De ce vieillard les muscles ralentis,
A force d'art, réparés, rajeunis,
En fourbissant la divine Montrose,

Croyaient cueillir une charmante rose,
Et savourer les biens du paradis...
Pour fruits fâcheux de son apothéose,
Son vit gonflé pâtit d'une exostose,
Et va tomber sous d'affreux bistouris.
Nouvel Eson, abhorrant l'impuissance,
Cherchant partout la source de Jouvence,
Du Styx infect il ne trouve que l'eau,
Et tous les cons le hâtent au tombeau.
L'adolescent, de breuvages perfides
Faisant usage, épuise sa vigueur,
Ne bande plus que par les cantharides,
Et dès vingt ans éprouve la langueur.
Jetez les yeux sur ces beautés flétries,
Qui, du plaisir victimes avilies,
De leur visage, à force de carmin,
De bleu, de vert, ont abîmé le teint
Pour réparer des débauches l'injure.
L'art le sert mal, il rend mal la nature.
Peut-on chérir de factices attraits,
Sentir du goût pour des appas défaits,
S'amouracher d'une triste peinture,
Qui pour charmer emprunte de faux traits ?
Les yeux cernés, la figure livide,
Il convient peu d'être paillarde, avide,
Lorsque l'on n'a que des charmes ternis,
D'oser prétendre à de robustes vits.
A son souper une femme m'invite,
Me semble jeune, abondante en tétons :
Je crois tenir le phénix des tendrons.
Jusques au lit l'art soutient son mérite,

Mais en foutant je reconnais l'erreur ;
D'entre ses bras je sors avec fureur,
Et, foudroyant sa face décrépite,
Je ne la vois que comme objet d'horreur.
Tristes exploits, où les femmes brutales,
En agréments, en jeunesse inégales,
Des vits bandants surprennent la faveur,
Et des ribauds escroquent la vigueur !
Le fait est doux, quand l'amour réciproque
Dans le coït lève toute équivoque ;
Lorsqu'un fouteur, dispos, nerveux, ardent,
Attaque un con, alerte, intéressant,
Un con nouveau, sous gentille figure,
En appétit, écumant de luxure.
Dans cet assaut, les coups portent d'aplomb.
Le vit chatouille et les bords et le fond.
Du clitoris les deux brûlants ovaires
Sont irrités par cent doux frottements ;
Et des pubis les combats débonnaires
A la décharge excitent tous les sens.
Le con, pressé par son ardeur natale,
Prête collet aux muscles érecteurs,
Pompe les sucs, la liqueur séminale,
Et fait au vit verser de tendres pleurs.
N'avez-vous pas, au milieu des campagnes,
Vu, par hasard, quelque simple margot,
Jeune, bien faite, aimant quelque pierrot,
Fuir prudemment ses jalouses compagnes,
Se retirer à l'ombre d'un ormeau ;
A son galant prêter un brillant groupe,
Et, le portant sur le ventre, la croupe,

10

En recevoir plus d'un robuste assaut ?
Comme ils y vont de l'avant, de l'arrière !
Quel doux liant dans leur souple charnière !
Rien qu'à les voir, on bande de plaisir ;
Vit en arrêt, on sent même désir ;
Et, ne pouvant ravir au rustre habile
Son frais gibier, sa paysanne agile,
Le corps en rut, pour calmer son esprit,
En leur honneur on se branle le vit.
Combien de fois, en voyant une ânesse
De son baudet essuyer la caresse,
Mouvoir le cul, seconder son sauteur,
Ai-je en mon coin secoué mon docteur !
Quand je vois foutre, il faut que mon vit dresse ;
Pour un ribaud l'exemple est tentateur.
Comme j'aimais, dans ma verte jeunesse !
Pas un seul con ne m'était défendu :
Quoique étranger, j'étais bientôt connu :
Toute beauté chatouillait ma tendresse,
Je lui contais mon amour éperdu,
Avec ardeur la titrant de maîtresse,
Je lui prouvais mes feux à coups de cu.
On me croyait, ou l'on faisait tout comme,
J'étais tenu pour un fort aimable homme,
Et plus d'un con de haute qualité
Brigua l'honneur d'affaiblir ma santé.
On y parvint ; à force d'être utile,
Mon vit baissa, je cessai d'être agile,
Et de dix coups que je foutais par nuit,
A deux ou trois mon priape est réduit.
Encor faut-il que ma facile amante,

Pour mes lenteurs commode et complaisante,
Ne perde pas l'instant de mon ardeur.
Le temps varie; à la flamme brûlante
Des jeunes ans, succède la froideur,
Et je bénis la nature prudente
D'éterniser le plaisir dans mon cœur,
De m'accorder un automne tranquille,
Bon appétit et paisible sommeil.
Au genre humain désormais inutile,
Pour le peupler, je lui dois le conseil.
Dans tous les cas de la foutromanie,
Je veux sans cesse exercer mon génie,
Aux débutants inculquant des leçons,
Et travailler à la gloire des cons.
Il faut à temps savoir faire retraite.
Se réformer sans tambour ni trompette,
Quitter les cons avant d'en être honni,
Et dans l'hiver faire un sort à son vit.
Aussi, choyant ma sage gouvernante,
Et lui donnant un pouvoir circonscrit,
Je l'ai choisie pour saine confidente.
Elle me sert du poignet, au besoin,
Même du con, sans exiger grand soin;
Et, pardonnant à ma couille indiscrète,
Elle m'amène encor quelque fillette,
Qu'avec plaisir je fous, par indivis,
A tour de rôle, avec quelque commis,
Qui, prétendant en faire son épouse,
La guette à l'œil, et ne se doutant pas
Qu'au grand mépris de son humeur jalouse,
De sa future on flétrit les appas.

Aux cons de cour ces cons-là font la nique,
Foutent de bon, sans tons, sans politique,
Connaissent peu les compliments usés,
Et n'offrent pas des attraits épuisés.
Des cheveux noirs et point de contrebande,
Trente-deux dents, une bouche friande,
Un sein d'albâtre, admirable en contours,
Aimant vainqueur, le tombeau des amours.
Quel temple heureux pour porter son offrande !
En y pensant, en le traçant, je bande,
Tous mes désirs m'en font suivre les lois;
Ami lecteur, j'y cours poser l'anchois....
Ciel! d'où reviens-je ? En ma brûlante flamme,
Mes sens pâmés ont égaré mon âme !
Dieu ! que d'amour existe dans mon cœur !
De mes beaux ans que n'ai-je la vigueur !
Dans son pertuis passant des nuits entières,
J'y braverais les parques meurtrières,
Et sur son con faisant peu cas du sort,
J'y trouverais et la vie et la mort.
Faudra-t-il donc, pour inique protase,
Le vit mollet, expirer en viédase,
Près de son lit avoir un radoteur,
Et regretter d'avoir été fouteur ?
Parce qu'Adam, dévorant quelques pommes,
Du serpent fut la dupe et le dindon,
Fatal destin, tu prétends que les hommes,
En vieillissant, ne puissent plus du con
Faire à leur gré le légitime usage ?
Contes de vieille, insensé bavardage,
Qui des fouteurs instruits et du bon ton

Ne sauront pas ralentir le beau zèle !
Au créateur tout l'univers fidèle,
Croirait en vain le braver en foutant ;
C'est l'honorer ; tout mortel, en naissant,
Du premier cri rend hommage à son maître,
A l'Eternel, au Dieu qui le fit naître,
Qui le soutient, lui permet de lever
Son front vers lui, de foutre, d'adorer.
Moi, quand je fous, dans ma reconnaissance,
Je bénis fort la céleste puissance,
Qui, me forgeant tout exprès pour le con,
De cent beautés me créa l'étalon ;
En le servant, je suis ma destinée :
Et ces docteurs, dont la voix surannée
Fronde des vits les utiles exploits,
Sont cependant sujets aux mêmes lois.
Le doux plaisir les séduit et les touche.
Epris, friands de baisers sur la bouche,
Ils vont cueillant la rose des amours,
Et finement se tressent d'heureux jours.
Sans hésiter, sans scrupule, sans doute,
Il est de loi que chaque mortel foute,
Qu'il soit exact à peupler l'univers.
Pluton, Minos foutent dans les enfers,
Alternando se passent Proserpine,
Bravent de loin la colère Jupine,
Et, de la couille éprouvant les plaisirs,
Donnent l'essor aux lubriques désirs.
Le moine fout ; le paysan, l'augure,
Également satisfont la nature,
Aiment la chair, brûlent sous le harnois,

Courent aux cons, en chérissent les lois.
C'est très bien fait ; tout est bien sur la terre,
Le champ produit, la lymphe désaltère,
Le fruit me flatte et le pain me nourrit,
L'air me ranime, un con me divertit,
A tout mon être est un point nécessaire,
D'après cela, foutromanes agiles,
Vivez contents, robustes et tranquilles ;
Le ciel vient-il, dans vos heureux ébats,
A se dissoudre, à tomber par éclats,
Bravez la foudre en d'aimables asiles,
Dans les bordels foutez jusqu'au trépas !

FIN

TABLE

FIN DE LA TABLE